30 天 学 习

经 济 学

30 日で学ぶ経済学手帳

〔日〕井堀利宏　著

于蓉蓉　译

中国科学技术出版社

·北 京·

前　言

　　我在日本东京大学经济学院教授本科生和研究生经济学课程已经20年有余。我致力于让学生们理解经济上知识的同时，告诉他们在以后的工作中如何学以致用。

　　我想让经济学知识能为人们广泛应用，所以至今为止我也出版了几本经济学相关的书。本书也旨在让读者们学习这种使用不常见词语的"经济学"的基础知识。

　　那么，学习"经济学"的目的是什么呢？

　　经济学与经营管理学不同，其研究的是整个国家的经济活动。换句话来说，经济学研究的不是一个企业或者一个消费者的经济活动和水平，而是使用微观经济学和宏观经济学来预测一个国家的经济动向。如果你有"经济学与个体无关"，或者"只想着自己的企业经营情况就已经自顾不暇了，没时间学经济学"这样的想法，你就大错特错了。经济学是商务人士的最起码的必备知识素养，有没有学过经济学其实差别很大。

　　那我们为什么需要了解整个国家的经济动向呢？这是因为

政策、国际形势、经济繁荣或萧条等会大大改变企业和消费者经济活动的立场。

当然，通过细分市场和对特定领域制定策略进行市场研究，对于提高企业利润也非常重要。但是，政府的财政金融政策和国际形势变化会导致国际交易的变化，也会很容易引起微观经济波动。

在这种情况下，也可以用经济学的思考方式，通过微观经济学了解人们的消费行为和市场功能，通过宏观经济学了解整个国家的经济运作方式。通过一则经济学的新闻就能洞察经济形势的变化，对于商务人士而言这项本领是必不可少的。

井堀利宏

30

天学习

经济学

The learning diary of
Economics in 30 days

学习日记

在这里您可以写下自己的学习经历和笔记，记录下您已阅读、已注意到的内容，以及需要记住的内容，这会对您的学习有所助益。

天数	日期	笔记
1	/	
2	/	
3	/	
4	/	
5	/	
6	/	
7	/	
8	/	
9	/	
10	/	
11	/	
12	/	
13	/	

天数	日期	笔记
14	/	
15	/	
16	/	
17	/	
18	/	
19	/	
20	/	
21	/	
22	/	
23	/	
24	/	
25	/	
26	/	
27	/	
28	/	
29	/	
30	/	

经济学到底是什么?

阐述人或组织在市场中进行 "经济活动" 的理论科学

经济学到底阐述了什么?

经济学是指各种人或者经济主体(家庭、企业、国家三类)在市场中进行物品(**商品** = 物品、服务)和货币交换的行为(**经济活动**),以特定假说为基础对其模型化,并简明、理论性地对其进行解释的科学。换句话来说,经济学就是在各种经济活动中,阐明它以何种趋势为规律,并将其用于经济政策的科学。

为此,我们首先要做出一个粗略的假设,即"可能是这种情况",以验证其在理论上是否正确,然后再确定规律的正确性,这就是经济学的工作。

 术语解释

商品

在经济学中,从物质或心理上满足人们的需求,并且可以任由人们支配和处置的物品称为"商品",不仅包括物品(有形产品),还包括服务(无形产品)。

经济活动

为了生活需要,通过支付货币购买商品(物品、服务)的消费行为、企业的生产行为、市场交易行为、银行借贷行为等,也就是产品的消费、生产、交易等。

在经济学中，经济主体的行动是有前提条件的

经济学中，在对经济活动进行分析时，一般假设"经济主体（家庭或企业）总是进行**理性行动**"。理性行动就是指"人们在给定的约束条件下会选择最理想的行为，以实现一定的经济目的"，也被称为"最优行动"。在经济主体做出抉择时，"**起因**"很重要。起因就是人们为什么选择该行动的"动机"，例如，当人们购买某种物品时，低价和与商店的距离就是动机。

理性行动

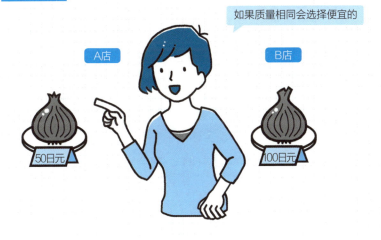

如果质量相同会选择便宜的

A店　　　B店

50日元　　100日元

理性行动

在各种约束条件下，思考最佳选择并采取行动。虽然人们有时会进行不计后果的行动，不过这不在经济学考虑的范畴内。

起因

人们在考虑成本和盈利时，影响人们抉择的因素。

经济学的两大基本分类

经济学分为"微观经济学"和"宏观经济学"两类。

微观经济学从社会的微观角度出发，以家庭或企业等单个经济主体的最优行动为前提，分析在特定市场中正在发生的经济活动，或者是产业间的关联等的科学。

例如，家庭考虑如何在预算约束下使"效用"最大化，企业考虑如何在生产约束下使"利润"最大化。微观经济学是经济学的基础，在经济学的分类中，是一个最常使用高等数学进行分析的分类。

宏观经济学是基于经济学家约翰·梅纳德·凯恩斯（Jhon Maynard Keynes）的思想进行的研究，从国家这个较大的视角，阐述整个国民经济（宏观）的经济活动的一类经济学，包括物价、通货膨胀、GDP、失业率和经济增长等。

例如，分析日本经济将如何波动才能实现经济增长，如何克服失业、通货紧缩以及全球金融危机等问题，分析这些与我们日常生活紧密相关的经济现象，研究要采取何种措施才能稳定经济。

 术语解释

效用
消费者购买产品、服务时获得的主观满意度。经济学假设消费者采取行动以增加效用。

利润
企业从总收益（销售额）中扣除工资、原材料成本、贷款利息和土地租金等生产成本后剩余的纯利润。

　　微观经济学和宏观经济学往往被认为是一组对比研究。不过近年来，微观经济学和宏观经济学已经开始互为补充，例如，从微观经济学的观点出发分析宏观经济问题。

　　即使在分析宏观经济问题时，微观经济学分析也很重要，因为某种程度上要以每个经济主体的最优行动为前提进行分析。

凯恩斯

约翰·梅纳德·凯恩斯（1883—1946）。英国经济学家。他倡导政府积极干预经济的资本主义制度。

GDP

Gross Domestic Product的缩写，译为"国内生产总值"。GDP是指居住在同一国家的人们在一定时期内新生产的物品和服务的增值总和。

稀缺性与价格密切相关

在经济学中，"稀缺性"是一个重要的概念。"稀缺"意味着罕见，不过在经济学上，它意味着"社会需求高"。

"稀缺性"是由"需求"和"供给"的相对性来决定的。即使是每个人都需要的商品（高需求），如果供过于求（供给更多），其稀缺性也会下降。例如，虽然水是人类生存所必需的物质，但由于水资源丰富，所以不具有稀缺性。然而，在中东石油生产国等其他水资源匮乏的环境中，水的稀缺性甚至比石油还高。

商品的价格由"稀缺性"决定

即使是同一个商品，在其稀缺性高的地方，它的价格也会高，也就是说商品的价格是由供需之间的平衡决定的。

随着某种商品或服务的评价升高，想要它的人也会增多（需求增加）。然后，这种商品或服务的价格就会上涨，也就成为新企业进入这种商品或服务市场的起因。之后，这种商品或服务的供给就会随之增加，并且将会有更多的资源投入到这

 术语解释

稀缺性

与需求相比，可用的商品或服务的数量稀少。现代经济学认为，商品或服务的经济价值取决于它们的稀缺性。

需求

买方（个人或企业等经济主体）购买各种产品或服务的欲望。另外，买方想要购买并且实际能够购买的量被称为"需求量"。

种社会迫切需要的商品或服务当中去。

"成本"也反映了社会需要

另一方面，用于提供物品或服务的"成本"也会根据社会需要而改变。如果生产这种物品或服务的需求大，即使生产这种物品或服务的成本很高，生产它们也是社会所希望的。

如果能够以较低的成本实现生产，那么社会将投入更多的资源，并且企业将能够以较低的价格进行销售。

但如果人们对该产品的评价降低并且需求减少，那么以高成本生产这种物品或服务将毫无意义。

稀缺性与价格

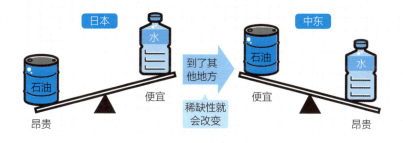

供给

企业或个人等经济主体提供自己的物品或服务（包括家庭劳动力供给），在市场上进行交换和销售。卖方想要销售并且实际能够销售的量被称为"供给量"。

成本意味着进行经济活动的亏损

经济学中最重要的概念之一是"**成本**"。成本是指人们购买某种物品或服务，或者"进行某种经济活动而承受的亏损"。

任何经济活动都要消耗成本。在家庭中，需要以市场价格购买要消费的产品。在这种情况下，购买这种物品所花费的金额对于家庭来言，是消费行为带来的**亏损**，也就是成本。

对于企业而言，进行生产活动时支付的劳动力工资、资本等生产要素的金额（工资和利息）就是成本。

看不见的"机会成本"是什么？

"机会成本"是指看不见的成本。例如，你将100万日元现金在家里存放3年，因为自己的现金没有减少，所以看上去好像没有亏损。

但如果将这笔钱存入银行，你会获得一定的"利息"，也就是说你本有机会赚钱，但没有选择这样做，所以实际上是放弃了利息收入。

如此，尽管有机会选择产生最大利润的行动却没有选

 术语解释

成本
生产或交易物品、服务时所支付的钱被称为成本，包括"时间"和"劳动力投入量"等。

亏损
当"收入−支出"不是正数（利润）而是负数时就是亏损了。

择，这样产生的亏损被称为"**机会成本**"。

这种无形的机会成本也影响人们对得失及其消费行为的判断。再举一个例子，日收入1万日元的A和日收入2万日元的B，如果两人想要休息一天去当日收入1万日元的裁判员，对于裁判收入和薪资相同的A而言是没有什么亏损的，但B就会产生1万日元的机会成本。因此，可以预料到B不会想当裁判员，因为那样他会"亏损"。

机会成本是什么？

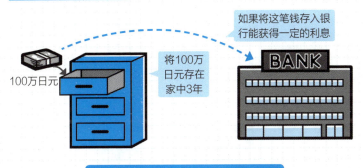

如果将这笔钱存入银行能获得一定的利息

100万日元

将100万日元存在家中3年

BANK

本来能得到却放弃了的钱=机会成本

机会成本

与时间使用、消费的有益性和效率性相关的经济学概念。指在同一时期中，产生最大利润的选择所获得的利润与其他选择所获得的利润之间的差额。

浅谈经济学史

尽管"经济学"在现代社会中是必不可少的，但它并没有多久远的历史，最古老的经济学理论源于被称为经济学之父的亚当·斯密（Adam Smith，1723—1790）于1776年发表的《国富论》。此后，许多学者才开始研究经济学的这些基本概念。

而在1890年，阿尔弗雷德·马歇尔（Alfred Marshall，1842—1924）的《经济学原理》将价格理论发展为局部均衡理论，这对实际经济政策起到了至关重要的作用。

到了19世纪后半叶，经济学发展成一般均衡理论。里昂·瓦尔拉斯（Léon Walras，1834—1910）在他的《纯粹经济学要义》中提出，交换理论、生产理论、资本形成理论、流通理论是相互依存的，这为微观经济学构建了理论模型基础。

20世纪，微观经济学成为许多经济学家的研究主题，包括维尔弗雷多·帕累托（Vifredo Pareto，1848—1923）、约翰希克斯（John Hicks，1904—1989）、肯尼思·J.阿罗（Kenneth J. Arrow，1921—2017）和罗拉尔·德布鲁（Gerard Debreu，1927—2004），并确立了可以进行精确分析的分类。而宏观经济学起源于1936年，凯恩斯在19世纪30年代美国经济大萧条期间发表的《通论》，成为美国经济重建的推动力。此后，此类研究继续进行，成了经济学的基础分类。

美国芝加哥大学的研究小组"芝加哥学派"的米尔顿·弗里德曼（Milton Friedman，1912—2006）证明了微观经济学在政策上是有效的，而"新古典派经济学"强调凯恩斯学派所忽略的微观最优行动。20世纪80年代，经济学领域出现了"博弈论"，这也成了现代经济学中必不可少的分析方法。

亚当·斯密　　　　马歇尔　　　　凯恩斯　　　　弗里德曼

微观经济学基础

> 微观经济学是阐明"价格如何确定"的研究

价格和需求的关系

商品价格由其供求关系决定。不过,商品的需求量和供给量相互影响并且不断变化,价格的变化也会影响其需求量和供给量。例如,一个价格为100日元的面包,每单位商品(面包)的成本就是100日元。从消费者的角度来看,商品价格由卖方决定,与消费者的购买量无关。在经济学中,这被称为"**市场价格**具有与购买量无关的固定值"。

而家庭的购买行为就是要考量"按照给定的价格,可以用多少总成本来购买、消费商品(购买多少商品为最佳)"。为了方便说明,在这里我们引入"**边际**"的概念。如果每个面

 术语解释

市场价格
市场上各种物品或服务的实际交易价格,是根据其需求量和供给量之间的关系而变化的。它也被称为竞争价格,与垄断价格有所区别。

边际
"增加量"的意思。在经济学中,它是指"在当前状态下,追加什么时发生的变化"。出自"margical"一词的误译。

包的市场价格为100日元，那么购买两个面包的成本为200日元，增加（购买）一个面包，成本就会增加100日元。此时，"边际购买金额"增加的量就是100日元（每单位商品的价格=商品的边际成本）。

相对的，通过购买追加商品获得的价值（满意度）被称为"边际效用"，并且满意度会随着面包数量的增加而减少。在下面的示例中，购买3个面包是边际成本和边际效用的最佳平衡状态，也可以说"一次买3个面包是最优经济活动"。

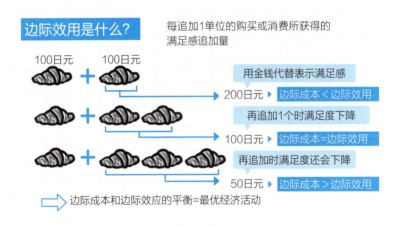

边际效用是什么？

每追加1单位的购买或消费所获得的满足感追加量

100日元 100日元

用金钱代替表示满足感

200日元 ▶ 边际成本＜边际效用

再追加1个时满足度下降

100日元 ▶ 边际成本=边际效用

再追加时满足度还会下降

50日元 ▶ 边际成本＞边际效用

⇨ 边际成本和边际效应的平衡=最优经济活动

价值

经济主体通过经济活动可以获得的利润和满意度。评价值根据经济主体（人）的不同而不同。

向右下倾斜的需求曲线显示了价格与需求之间的关系

考虑家庭消费行为时，我们可以预测到如果商品价格上涨，边际成本也会增加，需求量就会减少。相反，如果商品价格降低，需求就会增加。

"**需求曲线**"（下图）是商品价格与需求量（要购买的量）之间的关系图。商品不同，曲线斜率不同，不过一般需求曲线都是"向右下倾斜的曲线"，也就是说随着需求量的增加价格会下降。

需求曲线

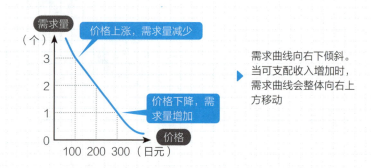

> 需求曲线向右下倾斜。当可支配收入增加时，需求曲线会整体向右上方移动

 术语解释

需求曲线

显示价格和需求之间关系的图。价格上涨时需求下降，需求曲线总体表现为向右下倾斜。在简化讨论时，需求曲线一般为直线。

需求量增加的另一个条件是"可支配收入"?

需求量不仅受商品价格的影响,还受家庭的"**可支配收入**"影响。可支配收入是"可以实际用于消费的收入",也就是说,当人们的工资增加时他们可自由使用的金钱(可支配收入)就会增加,因此即使商品价格不变,他们也会想要买入更多(需求量增加)。

在可支配收入增加前,人们可能购买了3个价格为100日元面包的人,当他们的可支配收入增加后,就会变成想买5个价格为100日元的面包,或者想买4个价格为200日元的面包,再或者想买3个价格为300日元的面包,这就会让需求量增加。

同时,当人们的可支配收入增加时,需求曲线会从原始位置整体向右上方移动。相反,如果人们的工资减少或可支配收入减少时,可自由使用的金额也会减少,需求曲线就会从原始位置移动到左下方。这被称为"需求曲线的移动"。

可支配收入的增减也会影响与所需商品构成竞争关系的其他商品的需求。例如,当人们的可支配收入增加时,他们可能会追加购买那些平时不购买的面包,而当可支配收入减少时,他们可能会购买更便宜的面包。所以商品需求量的增减与人们的可支配收入有很大关系。

可支配收入

从个人所得扣除税收和社会保险等后,可以自由支配的金钱。可支配收入可以用于消费或储蓄,不过多数会用于消费。

当商品价格上涨时，会与供给量形成向右上倾斜的供给曲线，随生产成本移动

表示商品价格与供给量之间关系的图被称为"**供给曲线**"，表现为当商品价格上涨时供给量增加，当价格下降时供给量减少。如下图所示，纵轴代表价格，横轴代表供给量，则供给曲线表现为向右上倾斜的曲线。

生产企业以商品在市场上的价格为基础，按供给曲线向市场供给商品。如果该商品的市场价格上涨，则向市场提供的供给量也会增加。

供给曲线

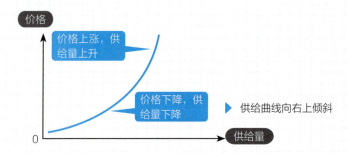

术语解释

供给曲线
显示价格和供给之间关系的图。随着商品价格的上涨，其供给量会增加，因此二者关系图表现为向右上倾斜。虽然被称为"曲线"，但是在简化讨论中，会用一条直线表示。

生产成本变化导致供给曲线移动

企业的供给量会因经济变量的变化而变化，这些变化也会影响商品生产的边际成本。主要因素是"**生产要素**"的成本，包括劳动力，土地和资本（工厂、设备、材料、库存等）。

例如，劳动力成本（员工工资）的增加会导致生产成本增加，商品的边际成本也会增加。因此，由于该商品无法以与以前相同的价格销售，它的产量就会受到抑制，供给量就会减少。结果就是，供给曲线向左上方移动（供给曲线向上移动）。此外，天气变化或者技术问题也可能是引起曲线移动的因素。

供给关系的移动

工资（生产成本）上涨导致减产

面包师　　经营者

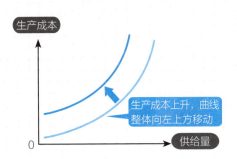

生产成本

生产成本上升，曲线整体向左上方移动

0　　　　　　　　　供给量

生产要素

除劳动力和土地外，生产要素中还包括资本，其代表为机械设备等。此外，工人和企业拥有的技术对于生产也很重要，但不包括在生产要素中。

库存

即使存货尚未在市场上出售，也被视为商品，是具有价值的资本。

技术问题

不仅是生产过程中的设备问题，还包括无法使用现有技术而引入的新技术。

"弹性"代表需求和供给变化的幅度

"当商品价格上涨1%时其需求减少多少?"

这就需要通过需求曲线的斜率来判断。在经济学中,需求曲线的斜率由"弹性"这一概念来判断。

"弹性"是指"可变程度",当商品价格变化时,需求量有显著变化就是"高弹性",而需求量不怎么受此影响时为"低弹性"。公式为:

需求价格弹性=需求下降幅度(%)÷价格上升幅度(%)

也就是,当商品价格上涨1%时,需求量下降多少。

通常,通过该公式得出的数值(价格弹性)大于1时,可以说商品的需求弹性高,需求曲线比较陡。如果得出的数值小于1,则可以说商品的需求弹性低,需求曲线平缓。

需求弹性高的典型商品是奢侈品和业余爱好类商品,其通常价格昂贵,很少有人购买,但是折扣会大大增加需求量。另外,啤酒和黄油等**替代商品**多、市场竞争激烈的商品也属于此类。

 术语解释

需求价格弹性
表示商品价格变化会如何影响需求的数值。能显示出当价格变化1%时,需求量会变化多少;其数值越大,需求变动幅度就越大。

替代商品
替代某些商品的商品,以及当价格变化时促进替代的商品。两种商品的关系为,一种商品的价格上涨(下跌),另一种商品的需求增加(减少)。

供给的弹性和供给曲线的斜率

"**供给弹性**"的公式为：

供给价格弹性=供给增加幅度（%）÷价格增加幅度（%）

也就是，当商品价格上涨1%时，其供给将会增加多少。

当商品价格上涨时，其供给量显著增加，可以说供给的弹性高，供给曲线平缓。如果供给量没有太大变化，则认为供给的弹性低，供给曲线比较陡。

需求、供给的弹性

需求弹性	供给弹性
$\dfrac{需求下降幅度（\%）}{价格上升幅度（\%）}$	$\dfrac{供给增加幅度（\%）}{价格增加幅度（\%）}$
= 当价格上涨1%时，需求量下降多少	= 当价格上涨1%时，供给将会增加多少

 高
- 奢侈品
- 竞争激烈的商品

 低
- 必需品
- 竞争不激烈的商品

 高
- 低成本，且可以长期储藏的商品
- 可长期供给的商品

 低
- 无法长期储藏的商品

供给弹性

表示价格变化如何影响供给的数值。
显示了价格变化1%时供给量的变化，
数量越大，供给量变动幅度越大。

消费行动是什么？

最优消费是处于边际效用和边际成本的交叉点上

家庭采取行动使消费效用最大化

从某种消费活动中获得的满意度称为"效用"。如果将消费满意程度量化，则边际效用表示如果消费每增加1单位，满意程度将增加多少。

家庭进行的消费活动，通过消费各种商品（产品、服务）来增强效用。随着商品消费的增加，人们从消费中获得的满足度（效用水平）也会增加。

但是，随着商品消费的增加，效用增加的幅度会逐渐变小。而这种从物品消费的增加中获得的效用增加就称为"边际效用"。

 术语解释

边际效用

显示了每增加1单位的消费时，满意度（效用）增加的量。边际效用等于效用的增加，而边际效用一般从正数开始。

边际效用递减规律

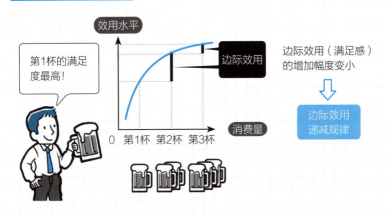

边际效用（满足感）的增加幅度变小

⬇

边际效用递减规律

消费满意度逐渐降低的"边际效用递减规律"是什么？

　　当消费大量相同的商品时，追加消费所获得的效用会逐渐减少（边际效用递减规律）。换句话说，对同一商品的消费量每增加1单位时，满意度的增加就会随其数量的增加而变小，因此边际效用曲线会向右下方倾斜。另一方面，边际替代曲线是水平的，因为它是由商品价格决定的。这时，主体的平衡点（最佳消费点）是边际效用曲线和边际替代曲线的交点。

边际替代

一种商品消费增加，用于其他商品、服务上的钱就会减少。也就是说，每购买一种商品时，那花在别的商品上的钱就会减少。

主体的平衡点

持续购买某种商品（边际效用=边际替代）可以使总效用最大化。当购买量在平衡点右侧，即过度购买时，减少其购买量会使满意度升高。

边际效用曲线随收入增减而移动

随着收入的增加，人们可自由使用的钱（可支配收入）随之增加，可用于总体消费的资金也会增加。

以苹果和香蕉的购买活动为例。当某人收入增加时，即使他购买了最佳数量的苹果，仍然有钱可花。这样一来，就可以购买除苹果之外的东西——香蕉，香蕉的消费量也会增加。这样他既能吃苹果又能吃香蕉，并对苹果也不会感到厌倦（满意度降低）。

这意味着人们通过消费获得苹果的"边际效用增加"，即使他购买更多的苹果，也不会造成损失，结果就是苹果的边际效用曲线向上移动。换句话来说，如果随着人们收入的增加，对香蕉的消费随之增加时，消费者也想增加对苹果的消费。

由于收入变化而导致的边际效用曲线移动被称为"收入效应"，在普通消费商品的情况下，收入效应起着积极的作用。这些商品称为"**正常商品**"或"高等商品"。

 术语解释

正常商品
商品分类中的一种，对收入效应起到积极作用。
正常商品分为奢侈品和生活必需品，奢侈品包括
豪华轿车和钻石等非生活必需品，生活必需品是
指卫生纸等。

什么是随着收入增加而消费减少的"劣等品"？

另一方面，有些商品、服务的消费会随着收入的增加而减少，边际效用曲线会向左下方移动。

例如，一个人收入低时，用小麦或土豆代替普通白米，当他的收入增加时会吃白米。因此，随着人的收入增加，小麦的需求量就会减少。

这种替代商品被称为"**劣等品**"或"下等商品"。

收入效应和边际效用曲线的关系

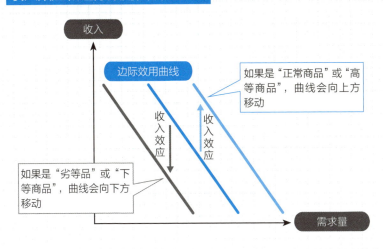

劣等品

商品分类中的一种，对收入效应起到消极作用。劣等品由于收入效应，随着收入增加而需求量会减少。

价格变化带来的两种效应

当人们收入没有变化，而某种商品（例如面包）的价格发生变化时，我们来看看消费量将会发生怎样的变化。

如果其他商品（例如大米）的价格保持不变，而面包的价格下降时，如下图所示，边际替代曲线（面包的价格）将向下移动。因为相对的，在收入不变的情况下，购买面包有利，那么面包的需求量就会增加。这称为"替代效应"。

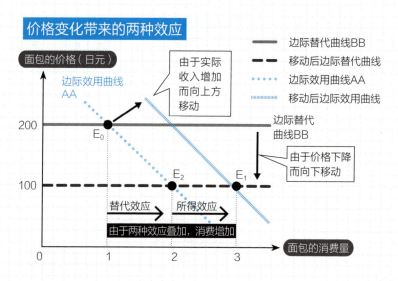

价格变化带来的两种效应

 术语解释

边际替代曲线

描述当消费量每增加1单位时，增加了多少开支的图。随着消费量增加，购入金额与购入价格成比例增加，所以该曲线是一条直线。

另外，即使面包价格下降，如果对面包的购买量维持不变，那么购买其他商品的资金就会增加。这相当于可支配收入相对增加，因此会带来替代效应和边际效用，边际效用曲线会向上移动。

从上图可见，随着商品价格（边际替代曲线）向下移动，最优点（即边际效用与边际替代的平衡点）从E_0移到E_1，面包消费量也相应增加。

这样，当某个商品的价格下降时，购买这种商品比购买其他商品更有优势，因此这种商品的消费量就会增加。

替代效应和收入效应的特征是什么？

价格下降和消费量增加的原因可分解为两个效应，"替代效应"和"收入效应"。在对正常商品进行消费时，收入效应为正，当价格下降时商品的购买量一定会增加。

然而，在对劣等品进行消费时，当价格下降时，由于收入效应会降低消费需求，替代效应会在一定程度上被抵消，因此无法确定价格下降时消费是否会真正增加。

边际效用曲线

描绘消费量每增加1单位时，满意度增加了多少的图。随着消费量的增加，边际效用降低，因此曲线向右下方倾斜。

企业和生产活动（一）

[企业通过以市场价格出售他们生产的产品、服务来追求最大的利润]

企业是通过投入三个生产主体来进行生产活动的经济主体

企业的生产目的是追求利润。对企业而言，从事经济活动的最大动机是以最低的成本得到尽可能多的利润。企业是通过投入**生产三要素**，即劳动力（雇佣工）、资本（使用生产设备等）和土地，以生产和销售产品、服务，进行生产活动的经济主体。

企业被认为具有多种目的，例如"支付高薪以使员工满意""保证股东分红""履行社会责任，做出社会贡献"等，不过实现所有这些目的的前提是盈利。

 术语解释

生产三要素

在生产活动中投入的全部物品、服务被称为"生产要素"，具体指的是劳动力、土地、资本、原材料等。其中，劳动力、土地和资本被称为"生产三要素"。

对企业而言，重要的是"持续长期盈利"

在追求利润方面，对企业而言，长期存续并长期持续盈利至关重要。而"**福利**""**社会贡献**"等企业目的，是为了促进其长期持续地产生利润。

正是因为企业可以长期存续并获得利润，所以它既可以满足员工的经济需求，又可以给股东分红。并且，企业的社会贡献也绝不能忽略其盈利能力，而扩大长期市场份额也是追求长期利润的一种手段。

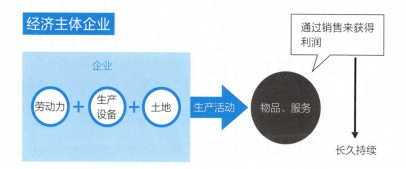

经济主体企业

企业

劳动力 + 生产设备 + 土地　生产活动　物品、服务

通过销售来获得利润

长久持续

福利

其包括3种法定福利：健康保险、养老金，工伤保险或失业保险，以及其他非法定福利，比如住房补助、娱乐设施供给、子女抚养补助等。

社会贡献

一般而言，企业的社会贡献意味着履行社会责任。指企业为社会开展的活动，如环保活动、志愿者活动和捐赠活动等。

表示生产要素投入与产量之间关系的"生产函数"

为了使一个企业持续生存下去，它必须实现持续盈利。因此，企业为获得最大利润该做出何种选择成为困扰经营者们的重要问题。探讨这个问题的一个重要的概念就是"**生产函数**"。

生产函数表示的是当企业增减生产三要素（劳动力、资本、土地）的投入时，产量如何变化的技术性关系。

企业在生产产品时，管理着复杂的生产过程，最小成本是最大化利润的前提。因此在经济学假设中，可以导出生产要素和生产水平之间稳定的技术性的关系。如下图所示，如果产量在纵轴上，而劳动力在横轴上，则通过二者的变化可以表明劳动力这一生产要素的变化如何影响产量的变化。

此时，如果劳动力投入增加，则产量也会增加。但是，如果重复投入1单位劳动力，产量（**边际产量**）的增加幅度将逐渐减小，代表增加量（边际产量）的曲线斜率也将逐渐减小。这被称为"边际产量递减规律"。

 术语解释

生产函数

表示生产要素的增减如何影响产量的关系。在最简单的生产函数中，生产要素的投入越高，生产增长的速度就越慢（投入越多，边际产量越低）。

投入两个以上生产要素进行生产时

当生产要素不仅只有劳动力，而且同时投入资本等两个或多个生产要素时，企业可以通过组合多个生产要素的投入量和产量来获得相应的生产函数图，并通过最佳搭配组合以实现企业利润最大化。

产量是要在市场上出售的，对企业的销售收入和利润有很大影响，也会对企业行为产生重大影响。因此，边际产量逐渐减少程度是分析企业以最小成本获得最大利润的最优行动所必不可少的信息。

边际产量递减规律

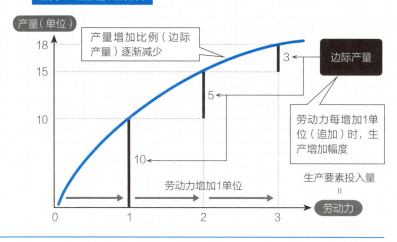

边际产量

表示当生产要素（劳动力等）每增加1单位，产量增加的数值。在改变单一生产要素的情况下，边际产量的增加会随着生产要素的增加而减少，而当多个生产要素同时改变的情况下，当生产要素增加时，边际产量会根据生产要素的搭配比例而变化。

企业和生产活动（二）

企业旨在以低成本的高效生产来实现利润最大化

随着产量增加，成本的增长幅度也会变大

"利润"是指从收入中减去支出后的金额。企业为使利润最大化，需要进行高效生产并使成本最小化。最小化的成本和产量之间存在一定的关系，这就是右图显示的"总成本曲线"。

随着产量的增加，用于生产的最小总成本也随之增加，总成本曲线向右上倾斜。在产量很少时，追加生产所需的成本不会超过平均成本，但是随着产量的增加，追加成本（边际成本）会增加，并且追加成本最终会超过平均成本。

 术语解释

平均成本

将总生产成本除以总产量得出的每件商品的生产成本。由于平均成本是根据最终值算出的数值，因此当边际产量越大时，平均成本就会越低。

总成本曲线和边际成本

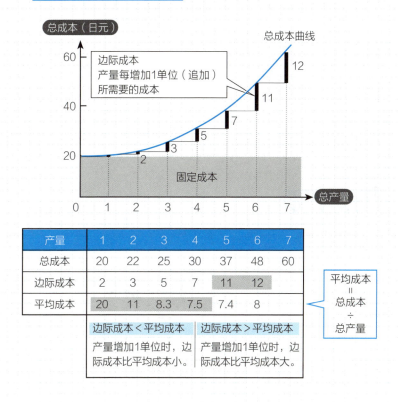

	平均成本 = 总成本 ÷ 总产量

产量	1	2	3	4	5	6	7
总成本	20	22	25	30	37	48	60
边际成本	2	3	5	7	11	12	
平均成本	20	11	8.3	7.5	7.4	8	

边际成本＜平均成本	边际成本＞平均成本
产量增加1单位时，边际成本比平均成本小。	产量增加1单位时，边际成本比平均成本大。

从销售曲线和总成本曲线可以算出的"利润最大化点"

为了使企业利润（销售额减去总成本）最大化，企业有必

边际成本

每增加1单位产品生产所需的成本。根据总成本曲线的斜率，其大小也会改变。随着工人工作时间的增加，生产效率（边际产量）下降，因此需要投入更多的工作时间以增加产量。

要找到一个可以平衡总成本和销售额的点（最优产量），这可以用图来表示，具体如下。

假设，某商品的市场价格是固定的，并且它可以在市场上尽可能多地卖出，那么该商品的销售额与其产量成正比例关系。此时，如果该产品的市场价格高，则该曲线就陡峭。再与上一节中所述的"总成本曲线"进行叠加，我们就可以弄清其销售成本，如下图所示。

利润最大化点

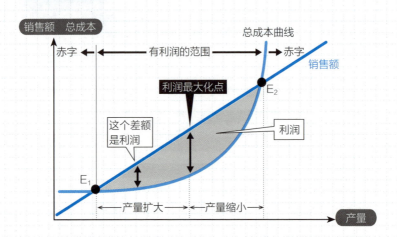

 术语解释

利润为零
零利润是总成本曲线与销售曲线相交的点。
利润最大化点是在市场价格（边际收入）=
生产追加成本（边际成本）的点。

　　利润是"销售额–总成本"，因此利润的多少就是销售额与总成本两条曲线之间形成的"垂直距离的差（长度）"。根据图示我们可以看出，在总成本曲线与销售曲线第一次相交（点E_1处）且利润为零处附近，商品产量过少，利润也非常少。

　　当商品的产量较小时，其利润会随着产量的增加而增加，但当产量超过一定量时，利润就会下降。所以利润最大点是销售曲线和总成本曲线之间的垂直距离之差最大的点，因此可以说，企业应该瞄准该点的产量进行生产。

企业的最大利润点是边际收入与边际成本的重合点

　　垂直距离差最大之处即利润最大化点，也就是市场价格与边际成本的点。此时，销售曲线的斜率（边际收入）和总成本曲线的斜率（边际成本）相等。一旦达到这一点，企业生产的进一步扩大或减少都将使利润减少，所以应该避免。上页图中最大利润点右侧的零利润点（点E_2）右侧是"亏损"区域，即生产越多亏损越多。

边际收入

企业所销售的商品每增加一个所获得的销售增长额。假设面包的售价为100日元，如果卖掉一个面包的销售额为100日元，卖掉两个面包就为200日元，那么第二个面包的边际收入就是100日元。在完全竞争的市场中，边际收入就是每种商品的市场价格。

市场和价格的关系

为了分析现实市场机制，假设了"完全竞争市场"这一市场概念

在完全竞争市场的假设下考虑供需关系

买家、卖家双方商量价格并进行买卖的地方称为"市场"。有些市场（如股票市场），在特定的地方进行密集交易，也有的市场分散在各处的零售商店。

为了考察家庭和企业的经济行动原则，经济学假设"**完全竞争市场**"具有以下特征。

• 商品同质性：即使商品的制造商不同，但人们在任何商店都可以买卖相同质量的商品。

• 信息完整性：没有隐藏的信息，每个人都知晓所有的信息。信息不完整会导致各种市场失灵。

 术语解释

买家
通过市场购买和消费商品或服务以获得效用或者进行生产活动的经济主体（以家庭、企业为主）。

卖家
向市场提供商品或服务并获利的经济主体（以企业为主）。

· 存在许多经济主体：同一商品有许多买方和卖方，既没有垄断也没有寡头。

· 自由进入：任何商品的买卖市场中，企业可以不受限制地自由进出，没有壁垒。

如果家庭和企业等经济主体能够充分理解自身目的，并能自由地做出决定而不受任何限制，那么市场将是一个"完全竞争市场"。

实际上，这样的市场是不可能的，但是在经济学中，可以通过假设这样的市场来分析世界上的各种经济现象的本质。

完全竞争市场的条件

商品同质性	信息完整性	存在许多经济主体	自由进入
即使制造商不同，买卖的商品质量相同	信息不完整会导致各种市场失灵	既没有垄断也没有寡头	没有进入市场的壁垒

完全竞争市场

以微观经济学为前提的市场概念，即能确保"商品同质性""信息完整性""存在许多经济实体"和"自由进入"4个条件的市场。均衡价格是在完全竞争市场中供需平衡的价格。

在完全竞争市场中，消费者和企业都在"市场均衡点"进行经济活动

在完全竞争市场中，买卖双方存在竞争关系，每个经济主体都无法自行决定商品价格。因此在完全竞争市场中，需要假设每个经济主体都基于该假设制订了最佳计划。

以此方式获得恒定市场价格的经济主体被称为"**价格接受者（受价者）**"。在完全竞争市场中，所有经济主体都充当价

在完全竞争市场中的市场均衡点

完全竞争市场的前提是可以按市场价格购买和供给任意数量的物品。

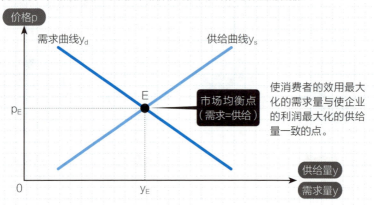

使消费者的效用最大化的需求量与使企业的利润最大化的供给量一致的点。

 术语解释

价格接受者（受价者）

在市场中接受价格的经济主体。价格接受者不能自由设定价格，但可以根据市场确定的价格进行商品买卖。

格接受者。因此，我们假设在完全竞争市场中，市场价格由供需之间的平衡自然而定。

　　完全竞争市场的存在，以各个消费者和企业都能以市场价格购买和供给他们想要的商品为前提，需求曲线和供给曲线的交点（如上页图所示）就是使消费者效用最大化的需求量和使企业利润最大化的供给量一致的点，买卖双方都将从中受益，该点称为"**市场均衡点**"。在市场均衡点上，消费者能以一定的市场价格得到最理想的需求量，企业也能生产最理想的产量从而获得理想的利润。可以说，市场均衡点可以满足所有经济主体。

价格接受者的需求、供给曲线

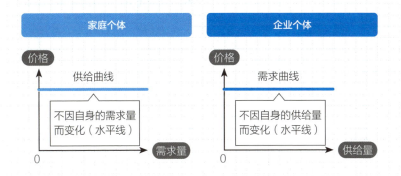

市场均衡点

商品的需求曲线和供给曲线的交点。在完全竞争市场中，以假设卖方可以卖出任意数量的商品，而买方可以买到任意数量的商品为前提，供需平衡，则商品价格由市场决定。

完全竞争市场中的价格调节机制

如果某商品的市场价格高于市场均衡点，则人们对其需求少而供给多（供大于求），导致其价格下降。这样人们的购买欲望又会增加，当价格下降到市场均衡点时，所有的该商品会被销售给购买者，并且无库存。

相反，当商品的市场价格低于市场均衡点时，由于供给少而需求多（供不应求），该商品的市场价格会上涨。而当其市场价格上升到市场均衡点时，购买者的需求量会与该商品的供给量达到平衡，因此商品短缺问题也会消失。

这就是通过**市场的价格调节机制**进行价格调整的过程。这个过程用在日本鱼市等市场起到中介作用的**拍卖人**进行买卖来举例，就很容易理解。首先，拍卖人向家庭和企业出示商品的市场价格。当家庭和企业获得价格信息后，会确定最佳购买量（需求量）和最佳产量（供给量），并将此信息通知中介。然后，中介将所有家庭的需求量求和以计算总需求量，并将所有企业的供给量求和以计算总供给量。如果总需求量和总供给量一致，则价格为均衡价格，家庭和企业进行商品交易。

 术语解释

市场的价格调节机制

买卖双方在市场上进行自由交易时，即使某商品失去了供需之间的平衡，也可以通过改变其价格来调节供需的过剩和不足，使其最终达到平衡。

拍卖人在需求过多或供给过多的情况下提高或降低价格

当总需求量和总供给量不一致，且总需求量大于总供给量时，拍卖人会提高商品的市场价格；当总需求量小于总供给量时，拍卖人就会降低价格，最终达到供需平衡的均衡价格。这被称为"平衡就是稳定"，如果存在拍卖人，这很容易理解。

另外，在表现为向右下倾斜的需求曲线和表现为向右上倾斜的供给曲线的标准图中，一定有可以实现均衡价格的均衡点。

完全竞争市场的价格调节机能

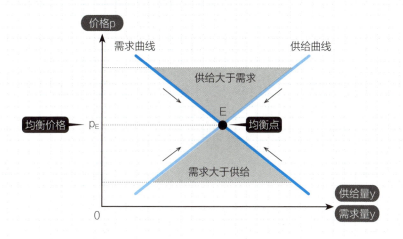

拍卖人
解释市场价格调节机制时便于人们理解的例子。实际上，很难想象有一个拍卖人能够平衡卖方的供给和买方的需求，但是在完全竞争市场的理论中其被当作协调者。

市场交易的利益

在完全竞争市场中进行交易是各个经济主体独立决策的结果，每个经济主体都在寻求自身的利润。

作为经济主体之一的家庭以市场价格购买商品，能提高其在完全竞争市场中的满意度（效用水平）。企业以市场价格出售他们的商品以达到利润最大化。这样，家庭和企业都可以通过市场交易获利。

此时，企业的利益就是利润，没有固定成本时，利润就是销售额与总成本的差额。

企业的利润的差额用均衡价格和供给曲线之间的三角形（P_EEB）的面积表示，如下页左图所示。以超过供给曲线（边际成本）的价格出售商品所获得的利润被称为"**生产者剩余**"。

另外，企业的供给曲线之所以从B点开始，是因为即使供给量为零，也存在固定的生产成本。从0到B点之间是固定成本，其上方的供给曲线是随供给增加出现的生产成本。

 术语解释

生产者剩余

交易价格与生产者的边际成本之间的差额是从零供给到交易量的金额总和。其是指从交易中获得的企业利润。由于其等于收入减去可变成本，因此相当于没有固定成本时的利润。

代表家庭利益的"消费者剩余"

另一方面，家庭的利益来源于消费（购买）带来的效用（满意度）。对于家庭，商品的市场价格与边际效用（为家庭消费商品的边际性的便益）相一致是达到均衡的条件。如下图的右图所示，家庭的边际利益（=边际效应-市场价格）在需求曲线与均衡价格相交的E点处变为零，此后变为负值，效用也会下降。

需求曲线高于均衡价格的AEP$_E$的三角形部分是家庭的边际效应，也就是说家庭可以以低于希望价格购买的剩余的面积，该部分称为"**消费者剩余**"。

生产者剩余　消费者剩余

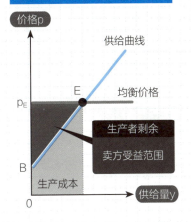
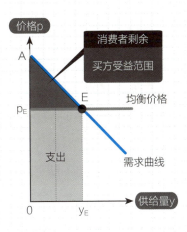

消费者剩余

消费者从消费商品中获得的利益。从商品的边际效应（购买者评估追加购买1单位的该商品时，买方认为可以支付的最高价格）中减去交易价格得到的差额总和（从零消费到交易量）。

价格和资源的分配机制

[在完全竞争市场中，价格与资源分配密切结合]

生产者剩余和消费者剩余的总和是社会中产生的社会福利

"生产者剩余"和"消费者剩余"之和被称为"社会剩余"（社会整体可获得的利益）。

在完全竞争市场中，价格调节机制在市场中起作用，以便充分生产社会所需的物品、服务。只有在完全竞争市场中进行交易，社会福利才会最大化，从而实现社会资源的最优分配。

即使家庭和企业都只追求个人利益，由于"价格"的调节机制发挥作用，市场中的资源仍将得到最有效的分配，并实现整个社会最理想的状态。

这就是被亚当·斯密比作"看不见的手"的自由市场的资

 术语解释

社会剩余
整个市场的消费者剩余与生产者剩余之和，代表整个社会的剩余（福利）。

亚当·斯密
年英国苏格兰经济学家（1723—1790），被称为"古典经济学之父"。他将自由市场中资源的最优分配比喻为"看不见的手"。

源分配机能。通过价格的调节机能，可以将更多的资源投入社会需求较高的商品中以增加供给，反之，则将更少的资源投入社会需求较低的商品中。

这种社会的资源被有效利用的资源分配状态被称为"**帕累托最优**"。并以此为基础总结出了以下"**福利经济学基本定理**"。

第一定理：如果竞争平衡，则一定能实现帕累托最优。

第二定理：任何满足帕累托最优的资源分配，经过对生产要素和消费品的初始持有分配进行适当地调整，都可以实现竞争平衡。

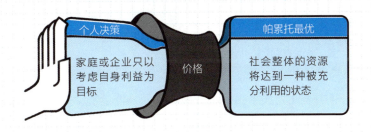

亚当·斯密的"看不见的手"

个人决策
家庭或企业只以考虑自身利益为目标

价格

帕累托最优
社会整体的资源将达到一种被充分利用的状态

帕累托最优

资源得到充分利用的状态。即当某人的效用进一步增加时，将不可避免地减少其他人的效用。

福利经济学基本定理

在完全竞争市场中实现帕累托最优的资源分配。福利经济学是经济学的研究领域之一。

劳动力市场和资本市场的均衡

个人通过工作获得的"工资"是其作为向企业提供"劳动力"生产要素的补偿。企业为之付费是因为增加的生产要素（劳动力投入）的雇佣费用，要比出售从增加的产量中获得的收益要少。换句话说，企业之所以雇用工人，是因为企业从工人制作的产品上赚到的钱，比企业付给工人的工资要多。

企业希望能从所支付的工资中获得最大的收益。那么，可以用公式"边际劳动成本=边际劳动产量"来表示企业应增加多少劳动力以达到均衡点。换句话说，追加的人工成本就是工资率和所产出的价值相等的点。

劳动力的边际产量与工资率相交的点是"均衡点"

边际劳动成本可以被称为"工资率"。工资率指的是付给1单位劳动力（1人）的工资，例如，时薪、日薪、月薪等。在完全竞争市场中，由于增加的1单位的工资是恒定的，因此其在图形中表现为水平的直线。另一方面，将工资率换算成价格后可以看出，劳动的边际产量是逐渐减少的，表现为一条向右

 术语解释

边际劳动产量
劳动力增加所创造的新的生产价值。
在这种情况下，指的是增加一人时生产价值的增加幅度。

下方倾斜的线。

　　均衡点是边际产量线与工资率线相交的点。随着劳动力投入的增加（也就相当于工作时间的增加），劳动力的边际产量减少，因此，如果在工资率以下雇佣劳动力，雇佣成本将大于新生产的商品价值。因此，企业只能在均衡点雇佣劳动力。

　　为了增加劳动力的雇用，企业有必要采取以下措施：第一，降低工资率以增加雇用人数；第二，提高产品价格；第三，通过提升劳动力技能来提高劳动力的边际产量。

劳动力的边际产量和工资率

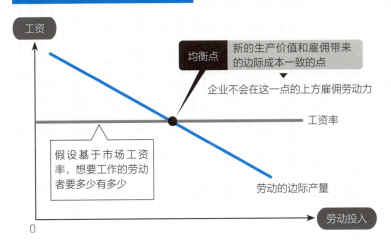

工资率
支付劳动力这一生产要素对等的钱。
指的是为1单位劳动力（1人）所要支付的时薪、日薪、月薪等。

通过固定资产获得的价值为"租金"

在经济学中，土地可以看作是跟劳动、资本一样，可以投入生产活动的生产要素。

为了进行生产活动使用土地时，需要获得土地使用权，而使用权的代价就是"租金（**地租**）"。在经济学中，像这样从这种供给量固定的资产中获得的收入被称为"**租金**"。

由于土地是生产要素之一，因而可与其他要素一样考虑其边际产值。换句话说，随着土地供给量的增加，产值（边际产值）的增加量会减少，因此土地的边际产量表现为一条向右下倾斜的线。

但是，由于土地的供给是固定的，因此在下图中表示为一条固定不变的垂直的线。而土地供给曲线和边际产量的交点就是土地市场的需求和供给一致的均衡点，由此可以确定土地成本。

只要通过增加土地而获得的收入高于地租，企业对土地的需求将继续存在，企业将继续投资土地作为生产要素，直到达到均衡点。

另一方面，供给量固定的土地也会出现地租上涨的情

 术语解释

地租
土地所有者向土地使用者收取的土地使用费。

租金
投资和资产的剩余收入。

况。例如，工厂附近修建车站等**基础设施**，能让生产变得更加便利时，该块土地的产值就会上涨，而企业就可获得更多产值，土地的边际产量曲线就会向上移动。

由于供给量固定而产生的租金，除了土地外，也可能是人为产生的，这样也被称为"**准租金**"。典型的例子是医生和律师，由于两种从业者都受到极为专业化的法律和法规的限制，所以社会上的供给量是有限的。在这些职业中，资格持有者垄断了相应的领域，即使需求增加，供给也不会在短时间内增加，而只会增加现有资格持有者的薪酬。

地租上涨的过程

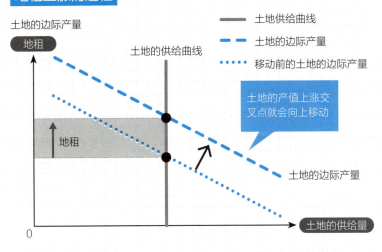

基础设施

公共设施或设备，例如道路、铁路及供水和排污系统。

准租金

类似于租金，指由具有特定能力的人而不是事物，人为地产生的租金。

从洛伦兹曲线看社会差距

整个国家进行经济活动的收入，分配给包括地主、资本家在内的所有家庭。

但实际上，社会上的家庭有着很大的区别，例如，有一些家庭从父代那里继承了许多遗产（金融资产、土地等），有的家庭在教育上进行大量的投资，有的家庭拥有较好的身体素质或者较高的智力能力，以及上述全都没有的家庭，各种各样的家庭之间在收入上有着巨大的差异。在这种差别社会中，显示理想（公平分配）和现实（差别存在）的图被称为"**洛伦兹曲线**"（如下图所示）。

洛伦兹曲线

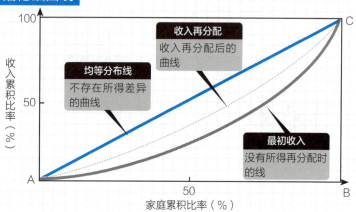

收入累积比率（%）

家庭累积比率（%）

均等分布线
不存在所得差异的曲线

收入再分配
收入再分配后的曲线

最初收入
没有所得再分配时的线

 术语解释

洛伦兹曲线
显示特定事件集中程度的曲线。

均等分布线
显示当所有家庭的收入相同时，所有家庭的收入总和的曲线。其表示为所有家庭的平均收入与家庭数量的乘积。

代表收入分布的洛伦兹曲线是代表社会上所有家庭之间的收入分配的图，按收入升序排列，横轴是家庭累积比率，纵轴是收入累积比率。如果家庭之间没有收入差异，则洛伦兹曲线与45°对角线（均等分布线）重合，但是如果收入分配有偏差，则其将向下凸出，凸出范围越大，代表差异越大。

减少不平等现象的收入再分配政策

收入不仅取决于个人努力，而且还跟政策、时机、资源等有关。在那种情况下，从社会公正的角度来看，不希望只有时运不济、缺乏资源和政策支持的个人承担风险。

因此，社会需要政府的"收入再分配政策"。个人所得税和欧美国家的遗产税的累进与此政策相对应，在一定程度上规避了风险促进了社会公平，激发竞争活性，使经济得到振兴。

"基尼指数"是衡量收入再分配效果的指数。在基尼系数中，设置从0到1的数字表示收入分配的平均程度，基尼系数距离0越近，收入分配越均匀，而距离1越近，则表示收入差距越大。

收入再分配政策

政府的"收入再分配"政策旨在减少收入差距。征收的税款会以各种方式退还（重新分配）给低收入者。

基尼指数

意大利统计学家科拉多·基尼于1922年提出的衡量社会收入不平等的指标。其是洛伦兹曲线与45°线之间的区域大小，也称为"基尼系数"。

垄断是什么？

垄断企业通过调整价格和产量来实现利润最大化

作为价格制定者的垄断企业拥有市场支配力

在完全竞争市场里，家庭和企业都无法自行决定价格，而与完全竞争市场完全相反的就是垄断市场了。

垄断是指提供某种商品的企业有且只有一家存在时，该企业可以通过调节价格和产量来实现自身利润最大化。与完全竞争市场里的价格接受者相对应的就是垄断企业中的**价格制定者**。价格制定者具有**市场支配力**，所以这种企业可以通过降低产量来使产品价格升高，也可以为了大量贩卖商品而提高产量，让商品价格下降。尽管市场被该企业垄断，但产品售价过高的话还是卖不出去，所以还是要根据需求曲线决定产品的价

 术语解释

价格制定者
在某个商品的市场中不存在竞争对手，可以自由设定对自己有利的价格的企业。

市场支配力
可以通过控制流入市场中特定产品（商品）的数量来调控价格的能力。垄断某种商品的企业具有这种能力。

格和产量。

如果企业想要知道在垄断市场中某种商品应制定何种价格才能全部售出，它可以使用需求曲线图来确定。这个图是表示垄断企业商品的价格和需求关系的图，通过这个图可以看到产品的产量和价格的关系，所以反过来说，调整产量就可以决定价格。这种情况下能表示二者关系的线叫做"反需求曲线"。

这个线是通过把需求函数反过来，来展示已知某种商品的产量时，需求会如何变化的曲线。

虽然在完全竞争市场中，企业无法控制其他企业的产量，但是在垄断市场中，企业可以通过调整市场总体的产量，自由地操纵价格。

和完全竞争市场完全相反的垄断

价格的接受者		价格的制定者
在完全竞争市场中处于无法决定价格的立场。	⬅➡	在市场中有且仅有这家企业提供某种物品、服务，该企业能自行决定价格。

反需求曲线

和家庭的需求曲线一样。因为企业可以通过控制产量（进入市场的商品数）来决定价格所以被称为反需求曲线。

垄断企业何时能实现利润最大化？

为了知道垄断企业的利润最大时的点在哪里，可以通过下面的公式来计算：

$$\Pi = p(y)y - c(y)$$

Π是利润，$p(y)y$是产量y的销售额，$c(y)$是y的成本，垄断企业通过这个公式来确定利润最大时y的数值，即产量的多少。

垄断企业的产量y增加时，价格p就会下降并导致销售收入py增加，但这个追加的部分（增加产量的销售额，也就等同于销售收入曲线的斜率）会逐渐变小。也就是说，通过提高产量y增加的追加收入的增加额（边际收入）会随着价格p的下降逐渐减少。利润最大化的点和下图中上方的图所示内容一样，是收入曲线py和成本曲线c（y）之间距离最大的点，这个点就是"利润=收入–成本"最大时的产量。

处于这个点时，"收入曲线的斜率表示的边际收入=成本曲线的斜率表示的边际成本"这个条件成立。因此，当企业把产量提高到这个点，就能实现利润的最大化，所以垄断企业可以选择处于这个点的产量和价格。

 术语解释

利润
销售额之类的总收入（总销售额）减去为了生产花费的全部成本（工资、地租、原材料、利息等）。

销售额
通过在市场上贩卖或者提供服务获得的对等金钱，也指一定期间内的销售金额的总和。

垄断企业利润最大化的情况

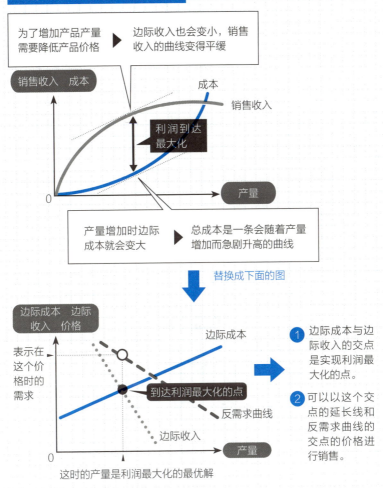

为了增加产品产量需要降低产品价格 ▶ 边际收入也会变小，销售收入的曲线变得平缓

销售收入　成本

成本

销售收入

利润到达最大化

产量

0

产量增加时边际成本就会变大 ▶ 总成本是一条会随着产量增加而急剧升高的曲线

替换成下面的图

边际成本　边际收入　价格

边际成本

表示在这个价格时的需求

到达利润最大化的点

反需求曲线

边际收入

产量

0

这时的产量是利润最大化的最优解

① 边际成本与边际收入的交点是实现利润最大化的点。

② 可以以这个交点的延长线和反需求曲线的交点的价格进行销售。

收入曲线

表示产量和总收入关系的曲线。一般是一条产量越多曲线越向右上方上升的曲线。

成本曲线

表示产量和成本（工资、地租、原材料、利息等）关系的曲线。是一条随着产量增加向右上升的曲线。

把价格设定得比边际成本高的垄断企业

经济学中有<u>垄断度</u>这么一个概念，是表示"与成本相比价格超出程度"的指标，并且这个垄断度能表示在某个市场企业垄断的强弱程度。

当企业在市场上的垄断度为0时，如果其商品的价格超过边际成本商品就会卖不出去，也就是说垄断度为0时表示企业在市场上处于"边际成本=价格"的完全竞争状态；当企业的垄断度小时，商品的价格稍微超过边际成本产品也能卖得出去；当企业的垄断度大时，即使商品的价格大大超过边际成本

垄断企业和价格

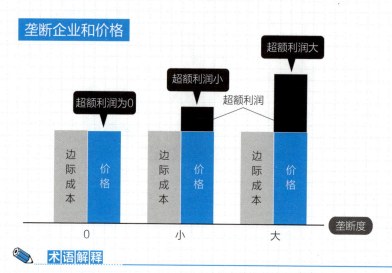

✏️ **术语解释**

垄断度
被设定的价格超出成本程度的指标。

规制
政府或者公共部门等因为特定目的而设定的关于许可、认可、干预、手续流程、禁止等的限制规律。

产品也能卖得出去。

垄断企业存在的原因主要有以下两点。

· 有**规制**的情况——政策或者人为建立的规制壁垒导致其他企业无法进入该市场，或者是因为该企业拥有特别许可或使用垄断的经营资源，其他企业无法提供代替品。

· 规模经济性大——产量大的企业会通过规模经济来降低单位原材料和劳动力的成本，提高经济效益。所以这种企业会比其他企业提供更多的产品以获得竞争优势，这叫作规模经济性。**规模经济性**越大，越会让企业进入实际上的垄断状态。

根据市场不同改变价格设定的"价格歧视"是什么？

在几个不同的市场里，且各种市场的需求曲线都不一样的情况下，即使垄断企业的边际成本相同，也能通过设定不同的价格实现利润的最大化，这个就叫做**价格歧视**。

在价格弹性大的市场1，把价格设定得低一些；在价格弹性小的市场2，把价格设定得稍微高一些，垄断企业通过采取这样的战略实现其利润的最大化。

规模经济性
当产量增多时，充分利用生产单价降低这种"规模经济"来实现降低生产总成本，增加产品供给，以占领更大市场。

价格歧视
同一件商品以不同的价格售卖给特性不同的顾客。

寡头是什么？（一）

> 只有少数企业能提供某种物品、
> 服务的状态叫做"寡头"

寡头企业具有一定程度的市场支配力

如果某个产业的商品、服务只由少数的企业来提供，且各个企业都具有一定程度的市场支配力，并受到其他企业行动的影响，这种状态叫做"寡头"。另外，在寡头企业中，只有两个企业的情况叫做"双头垄断"。

寡头市场中进行交易的产品有下面两种。

· 同质品：即使制造商不同，但品质也没有区别的商品。例如，为企业提供的资材和原材料之类的产品。

· 异质品：因为制造商不同，品质也不同的商品。例如，上门配送服务、食物、啤酒、手机之类的产品。

 术语解释

资本品

原材料、车间和机械、车辆等生产资本，也包含了正在加工的产品和库存。

中间商品

螺栓和螺丝这种零件之类的，到生产出成品之前（生产过程中）所用的产品。

在寡头市场中，像"**资本品**"和"**中间商品**"等为企业提供的产品多为同质品，而向消费者售卖的产品多为异质品。

对于同质品，买家不用考虑是谁做的，只需要选择便宜的即可。但是对于异质品，买家考虑的不仅是价格，由谁制作的也不容忽视。

同质品只根据价格来决定成交与否，所以竞争对手对产品的定价也会影响到自身对产品的定价，如果把价格设定得比竞争对手高，产品就卖不出去，所以导致了"**价格竞争**"的激化。而对于异质品，买家也要考虑价格以外的要素，所以卖家在某种程度上可以自由设定价格。

价格竞争

在商品和服务的市场中通过降价来竞争的行为。大部分发生在商品的性能和品质没有太大差别的情况下。

在寡头市场中，企业会采取怎样的行动？

寡头市场中的企业需要观察竞争对手的情况来决定自己产品的价格和产量，这种状态下为了预测各个企业的行动而采取的方法叫做"博弈论"。

博弈论需要满足"某个参与者（经济主体）在做决策时，需要预想其他参与者会针对自己的行动采取什么对策，并基于这个预想来采取对自己最有利的决策"这个前提条件。博弈论和象棋这类需要在预测对方下一步行动的同时决定自己该如何行动的棋类运动非常相似。

基于博弈论的寡头市场

参与者作为进行决策的主体，选择的方法叫做"博弈"，根据对策选择的结果，各个参与者获得的利益叫做"收益"。在各个参与者均预测了其他参与者的战略的前提下，所有人都选择了最佳的战略的情况叫做"纳什均衡"，这也是博弈论的基本概念。

均衡是指达到平衡而不发生变化的状态。在完全竞争市场

 术语解释

博弈论
一种研究"在有很多人参与的情况下，所有人在预测对方的行动的同时决定自己的行动的行为"的一种学科。来自莫根施特恩与约翰·冯·诺伊曼于1944年出版的《博弈论和经济行为》一书。

博弈
指为了实现自己的目的而选择的手段、方法、技术等。

中，参与者不光是生产者，也包含了购买商品的消费者，所有的参与者都能处于最理想的状态（帕累托最优）时，才是实现了均衡。但是完全竞争市场和寡头市场的博弈论是不一样的。

在寡头市场中，企业为了收益（利润）的最大化而采取博弈。在陷入纳什均衡的情况下，各个参与者都采取了最佳的博弈，没有再进行博弈调整的动机，市场进入了稳定的状态。这种情况下的参与者是具有市场支配力的生产者（企业），对于消费者则不能说一定处于最佳的情况。

纳什均衡

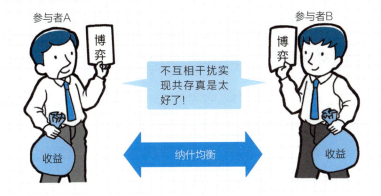

参与者A　博弈

不互相干扰实现共存真是太好了！

纳什均衡

参与者B　博弈

收益　　　　　　收益

收益

在博弈论里，进行博弈时获取的报酬。

纳什均衡

由美国的数学家约翰·纳什的名字命名的均衡理论。约翰·纳什在1994年获得了诺贝尔经济学奖。

如果互相背叛，会导致双方利益受损

博弈论中的"囚徒困境"非常有名。困境是指一种面临二选一的选择，并且很难抉择的状态。在博弈论中，可以用下面这个例子来说明该理论。

把两个同伙囚犯关进两间不同的因牢里，两个囚犯都看不到对方的行为。在这种状况下审讯人员对缄默的囚犯说："如果你招供他不招供的话就判你无罪，判你同伴10年刑；如果他招了你不招，判你10年刑，判他无罪。"对囚犯来说，最佳的选择是互相坚持拒不招供，这样没有证据都会判无罪，这叫作合作博弈；最糟糕的结果是两个人都出卖对方选择招供，这样都会被判5年刑，这样就是非合作博弈。

导致最糟糕的结果【非合作+非合作】

在上面所述的例子中，在不考虑其他因素的情况下，两个囚犯都不招供是最好的情况。但是，当一个囚犯不知道同伙的选择时，被审查人员劝说："如果你招供了就把你无罪释放。"这种劝诱是参与者选择把对方出卖而使自己得到救助这种"非

 术语解释

困境
也叫"两难选择"。指一种解决问题的两个选项里，选哪个都会导致利益受损所以选择起来很困难的状态。

缄默
被询问的时候保持沉默，不作答，并坚持到底。

合作博弈"的动机（诱因）。

在这种情况下，尽管选择"合作+合作"会带来更好的结果，但是参与者依然会选择"非合作+非合作"。这是因为双方都想选择不让自己蒙受损失的战略，所以"非合作+非合作"成了纳什均衡。"囚徒困境"合乎逻辑地说明了虽然参与者选择相互合作双方都会获利，但是又都会害怕对方的背叛让自己蒙受损失，所以都选择背叛对方并导致互相背叛，结果导致参与者全员利益受损（无法获取最佳的利益）。

囚徒困境的收益表

B	A	
	合作	非合作
合作	A ▶ 无罪释放 B ▶ 无罪释放	A ▶ 无罪释放 B ▶ 判刑10年
非合作	A ▶ 判刑10年 B ▶ 无罪释放	A ▶ 判刑5年 B ▶ 判刑5年

纳什均衡

合作博弈
因为有共同的目标和目的，所以和对方合作。

非合作博弈
虽然有共同的目标和目的，但是不和对方合作。

寡头是什么？（二）

> ## 寡头企业在卡特尔中获利，但面临着违背卡特尔协议的诱惑

可以赚取垄断利润的"卡特尔"

"**卡特尔**"一词通常出现在寡头企业中。它是"寡头企业之间的**共谋**"，每个企业将商品价格保持在差不多的高价状态，或者有意抑制产量以维持高价。

当寡头企业间形成卡特尔时，消费者被迫以不合理的高价购买商品，这大大降低了整个社会的效用。因此，卡特尔是法律所禁止的，如果违反将会受到严厉惩罚。

但事实上，卡特尔却屡禁不止。这是因为，如果寡头企业之间能够就产量和价格达成协议，就相当于所有公司合并，可

 术语解释

卡特尔

经济学术语，是由系列生产类似产品的独立企业构成的组织集体行动的生产者。

共谋

本意是"讨论"或"咨询"，但此处指企业与竞争对手合作，共同获得有利条件的行为。在争夺国家政府等公共事业的工程项目的订单（投标）时，通常是指事先相互协商来操纵中标，但这是刑事犯罪，违反了《反垄断法》。

以获得相当于垄断企业一样的垄断利润。寡头企业总是对卡特尔情有独钟，因为如果各企业不合作，单独决定产量和价格，那么获得的利润就要低得多。

另一方面，如果企业违背卡特尔协议，并以比其他企业更低的价格出售产品，则利润将大大超过卡特尔间的合作。因此，对于参加卡特尔的企业而言，会受到**违背卡特尔协议**的诱惑。能让企业保持遵循卡特尔协议是非常难的，这是一种"只有你能受益"的结构，并且"只有一次机会"。这是因为"多次"运行会减少优势，但只做一次，利润就会达到最大化。

违背卡特尔协议的诱惑

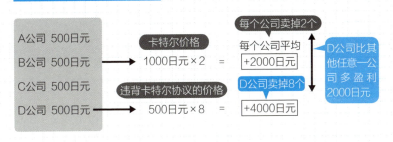

A公司 500日元
B公司 500日元
C公司 500日元
D公司 500日元

卡特尔价格　1000日元×2　=

违背卡特尔协议的价格　500日元×8　=

每个公司卖掉2个　每个公司平均 +2000日元

D公司卖掉8个　+4000日元

D公司比其他任意一公司 多盈利 2000日元

➡ 只进行一次"违背卡特尔协议"利润会增加

违背卡特尔协议

合作博弈在博弈论中不稳定的情况。如果所有参与者都采取合作博弈，将彼此受益。但是，如果只有一个参与者采取非合作博弈，则可以增加其自身的收益。

重复博弈中参与者博弈的变化

在囚徒困境博弈中，背叛能比与对手合作带来更高的收益，因此出现了"非合作+非合作"的解决方案。但是，该博弈是在"只有一次"的前提下建立的，当同一博弈重复多次时，参与者采取的博弈就会改变。

在无限重复的博弈中，即使这次损失了一点钱，也可以通过与对手合作避免将来的损失（试图获得更大的利益）。换句话来说，即使是那些在"只有一次"博弈中选择"不合作"的参与者，如果他需要多次与同一个对手重复相同的博弈，也会有相互合作并与对手分享利益的想法。

在无限的博弈中达到纳什均衡

通常，如果专注于将来的合作收益，那么从一开始就进行合作结果会更好。换句话来说，通过与对方合作，交替"赢""输"，或者以"平局"来避免彼此受到大的损失，这样的选择更好。例如，在相扑比赛中，多次与同一个对手比赛，会让观众看到固定化且毫无斗志的比赛。

 术语解释

惩罚机制

如果一开始与对方合作，那么就会在对方仍选择合作时一直与对方保持合作关系，但如果对方采取不合作的态度，则转为非合作，然后一直保持非合作关系。

重复博弈

在博弈理论中，带有前提条件的多回合博弈（在特定情况下的行为）。典型的案例就是"无限重复博弈"。

进行重复博弈前提是要有**惩罚机制**。即如果对方这次选择合作（如果不是非合作关系），则己方会在以后也合作，而如果对方这次不合作了，那么己方将永远不与其合作。在无限**重复博弈**中，从一开始就采取相互惩罚机制，就不至于落得囚徒困境的"非合作+非合作"的结果，实现纳什均衡。这也就是所谓的"**民间定理**"。

惩罚机制和民间定理

如果考虑到长期利益，合作比较划算=民间定理

民间定理

在无限重复博弈中，将合作解作为平衡解成立的理论。它在博弈论研究者中很有名，被称为是"民间"（民间传承）的，因为很长时间以来没有人证明它。

外部性是什么？（一）

> 市场不是永远都运作良好的，
> 也会出现"市场失灵"

受"外部性"影响的"市场失灵"是什么？

当完全竞争市场的价格调节机能不能很好地工作，资源被无端浪费时，就被称为"**市场失灵**"，这是受到与经济活动相关的"外部性"的重大影响产生的结果。

"外部性"是指一个经济主体的活动不是通过市场，而是或正面或负面直接影响到另一经济主体的环境（对于家庭而言是**效用指数**，对于企业而言是**成本指数**）。

在外部性中，对其他经济主体产生不良影响的情况被称为"外部不经济性"，而具有良好影响的情况被称为"外部经济性"。

 术语解释

市场失灵
在完全竞争市场中，价格的自动调节机能失灵。

效用指数
将物品、服务的效用（满意度）量化，表示消费与家庭经济满意度之间的指数关系。

公害是外部不经济性的典型案例。废物本来应该由企业进行无害化处理，但是妥当处理会花费很多金钱。因此，有的企业选择不处理废物，非法排污造成了公害，这样做企业将不耗费任何成本。这是一种就个人利益而言可以使利润最大化的方法，但从外部（整个社会）来看，有害物质会危害周围居民健康，这就是"不经济"的举动。这种不利于他人的经济活动被称为"外部不经济性"。

相反，对其他经济主体产生积极影响的行为被称为"外部经济性"。例如，"借景"，一个美丽的花园可以让周围居民都感到心旷神怡。

经济活动的外部性

对其他经济主体产生不良影响	=	外部不经济性	⑩ **公害** 非法排污污染周围的土壤、水和空气。
对其他经济主体产生好的影响	=	外部经济性	⑩ **借景** 公园美丽的景色让周围的居民都感到心旷神怡。

成本指数
显示生产一定数量商品所需的最低成本与产量之间的关系。

公害
企业经济活动产生的噪声、废气和废物等有害物质，以及大量抽取地下水引起的地面沉降等，对居民的身体和生命会造成伤害。

解除外部不经济性的方法

如何消除市场经济中的外部不经济性，并达到社会最优生产水平是经济学的课题之一。

当A公司生产产品而排放了废气时，附近的B公司必然要花费额外的成本来"清洁空气"。按理说，B公司的这项成本应由A公司支付，不过这样A公司的边际成本将相应增加，这将影响到它的产量。但是，由于A公司不支付这项成本，因此它的产量比处理废物时要多。

A公司多余的产量浪费了不应该用于生产的资源，这被称为"市场失灵"。

A公司可以以比原始价格更低的价格出售更多产品并获得利润，但是当B公司的废气处理成本被视为整个社会的效用时，就是一种损失（福利损失）。

外部不经济性的内部化——庇古税

消除这种外部不经济性最快的方法是合并公司A和B，让企业正视废气处理的成本，但实际上这很困难。因此，长期以

 术语解释

最优生产水平
企业以市场价格在市场上出售某种产品（商品）能获得最大利润时的产量。

福利损失
生产者和消费者获得的利润之和——社会剩余（总剩余）——由于某种原因而减少。

来日本一直在坚持的一种做法是，政府对A公司不经济的部分
征税，以抵消其由此所得的利益，这被称为"**庇古税**"。

　　如果对企业征收庇古税，企业的边际成本将会提高。因
此，如果商品的市场价格相同，A公司将不得不减少产量。这
与A公司承担废气处理成本具有相同的效果，并且消除了福利
损失。这种做法被称为"外部不经济性的内部化"。作为应对
全球变暖的一种措施，政府根据公司的二氧化碳排放量对公司
征收的环境税也是庇古税的一种。

公害的负担

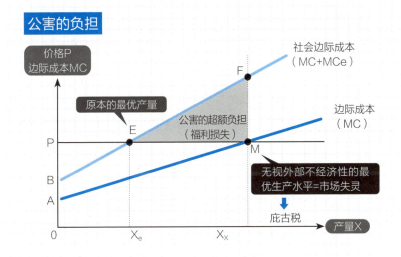

庇古税

如果一家企业不修正生产时发生的外部不经济性，那么在进行市场交易时，个人
和社会都将处于不利地位，只有相关的公司才能受益。这时，政府就要对引起外
部不经济性的公司就外部不经济部分征收相应的税金，也被称为"环境税"，这
是环境经济学和公共经济学中常用的概念。

外部性是什么？（二）

用民间支付来克服市场失灵
被称为"科斯定理"

市场失灵能否依靠企业自主性得到解决？

如果政府能够准确地掌握企业生产活动造成了多少外部不经济性，就有可能确定最佳的庇古税征收水平并消除外部不经济性。

然而实际上，政府很难准确地掌握企业的外部不经济性产生的影响，而庇古税太轻或太重都将妨碍市场正常运营。另一方面，还有一种想法是，市场失灵可以通过民间经济主体的谈判来解决，而无须政府干预，这就是"科斯定理"。该定理指出：如果没有交易成本，当事方（外部不经济性的加害者或受

 术语解释

科斯定理

美国经济学家罗纳德·哈里·科斯（Ronald H. Coase，1910—2013）提出："即使政府不干预，且交易成本为零时，受害企业（个人）会与加害企业进行交涉、谈判，自己解决外部不经济性，实现最优的资源分配。"科斯于1991年获得诺贝尔经济学奖。

害者）不管哪一方合法，他们之间的自愿谈判也将促成资产的最优分配。

　　用上一节中讨论的公司A和B关于废气处理成本的问题进行说明，就很容易理解了。不管是加害者公司A向受害者公司B（公司B具有法律上的合法性）赔偿，还是公司B为了控制废气量而向公司A（公司A具有法律上的合法性）支付补偿金，我们都可以期望双方就彼此认同的产量和环境负荷进行谈判并达成一致，直到废气排放水平达到最佳状态。

科斯定理

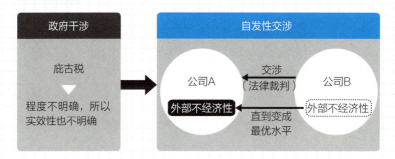

自愿谈判

其包括法律裁判在内的直接谈判。指受害企业（个人）无须政府干预即可与加害企业协商赔偿损失。

环境负荷

对环境的负面影响，例如废气污染、有害物质污染土壤等。

公共物品具有两个属性："非竞争性"和"非排他性"

当经济主体"搭便车"使用公共物品时，也会导致"市场失灵"。公共物品是指公园、道路、政府部门或消防部门等不特定的人群使用的物品、服务，在消费中具有两个属性："**非竞争性**"和"**不可排除性**"。

非竞争性意味着即使某人的消费增加，其他人的消费也不会减少。例如电视广播，一个人观看或数百万人观看都不会减少每个人正在观看的内容。

非排他性是指"不能从消费中排除特定的人"。这意味着从技术层面或物理层面都不可能将任何人排除在物品、服务之外，因为收益不是根据负担而产生的。例如，那些即使不参与公园清洁（轮班制的公园）的居民想要使用公园时，公园也不能禁止他们使用。

"萨缪尔森规则"——公共物品的最优供给量

公共物品的最优供给量是指当公共物品的**社会性的边际便益**与公共物品的边际成本相同时，这被称为"**萨缪尔森规则**"。

 术语解释

非竞争性
消费者使用同一商品或服务不会减少其他消费者的可使用量（例如空气），这意味着即使有多个人同时消费也没有问题。

不可排除性
不需要付出金钱等代价就能消费商品。

　　"社会性的边际便益"是指提供公共物品时，所有人享受的边际便益的总和（便益增加部分的总和），相当于制造公共物品的成本增加部分，也是公共物品的最优供给量。但是，很难计算出确切的"社会边际便益"，并且和边际成本之间会出现差距，引起让其他人负担的"搭便车"问题。

　　公共物品的对立面是"私人物品"，具有"竞争性"（增加一个人消费，其他人的消费就会减少），并具有排他性（将特定人排除在消费之外）。

公共物品和搭便车问题

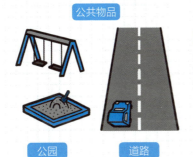

公共物品

非竞争性
即使某人的消费增加，其他人的消费也不会减少。

非排他性
不能从消费中排除特定的人。

搭便车
使用却不负担公共物品的成本。

公园　　道路

社会性的边际便益

"边际便益"是指公共物品增加所带来的利益增加部分，而社会性的边际便益是指给整个社会带来的利润增加部分。

萨缪尔森规则

美国经济学家保罗·萨缪尔森（Paul Samuelson，1915—2009）提出的公共物品的最佳供给条件。

什么是信息不对称？

[信息不对称会很大程度
导致市场失灵]

经济主体之间的信息差异会导致市场失灵

到目前为止，所有的理论都是基于假定交易双方都具有关于要交易的商品或服务的**准确信息**，但是在现实世界中，此类信息通常是不共享的。

例如，销售葡萄酒的生产者知道待售葡萄酒的质量，包括味道和甜度等，但是购买葡萄酒的消费者在不实际饮用的情况下无法知道葡萄酒的质量。如此，将经济主体之间所持有的信息不对等的状态称为"信息不对称"。

 术语解释

准确信息

在经济学中假设经济主体对要交易的商品或服务持有相同而准确的信息。而且，在经济学理论中，通常情况下，一般认为进行交易的经济主体的行为是理性的。

　　当经济主体之间信息不对称且信息不完整时，就会导致"市场失灵"。信息不对称导致的市场失灵主要有以下两种情况。

　　第一，当无法监察作为交易或合同对象的另一方的行动时。

　　第二，当不知道商品质量或交易经济主体的类型时。

　　可以说，第一种源于对方行为的信息不完整，第二种源于对方类型的信息不完整。随着生产者和消费者之间信息的不对称性增加，消费者购买商品时会变得更加谨慎，并且会出现市场交易不顺畅的问题。

信息不对称的模式

模式1

无法监察对方行动 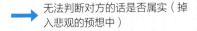 不知道对方的行动是否正确（不知道对方是否撒谎）

模式2

不知道商品的品质或对方的经济主体的类型 　无法判断对方的话是否属实（掉入悲观的预想中）

信息不对称

市场中的交易主体（企业、个人等）持有的信息存在差异的状态，这意味着进行交易时双方没有相同的信息。通常情况下，卖方比买方对产品或服务有更多的了解，即使卖方会告知买方，双方也很难共享全部信息。

保险公司很难判断是不是由于投保者不注意引起的不幸

可以用火灾保险来说明无法监察对方行为的市场失灵模式。投保是为未来的**不确定性（风险）**支付**保费**，并在实际发生不幸时设法将损失降到最低。因此，如果家庭支付保费购买火灾保险，即使发生火灾，该保险也能赔偿家庭的损失。

然而火灾有可能是由于投保者粗心大意或故意引起，或是由于第三者纵火等原因引起的，而保险的承保范围仅是与投保者是否注意无关的火灾。但是，如果实际发生火灾，保险公司并无法衡量其中有多少是因投保者的粗心大意引起的。这是因为对于保险公司而言，它们很难监控投保者的行为。

"信息不对称"带来的道德风险

然后，家庭就可以利用"即使是因为我的过失造成的，保险公司也不会知道"这种信息不对称，忽视火灾防范，这就是"**道德风险**"。如果发生这种情况，从经济学角度来看，火灾次数将会增加，随之保费也会增加，结果将间接增加家庭的负担。

 术语解释

不确定性（风险）

不确定性意味着事件是不确定的，在这种情况下，由于其不确定性，因此可能是不利的。

保费

订立保险合同应定期支付（例如，月付）的费用，该合同涵盖因特定事件引起的赔偿金或不利条件的负面影响的补偿。

即使在公营企业*中也可能存在道德风险。就公营企业而言，很容易产生<u>自然垄断</u>，如果产品的价格等于边际成本，那么公营企业将处于亏损状态。但是因为无论出现多少赤字，公营企业都会从税收中弥补，最终导致公营企业粗放经营。这可以说是由信息不对称导致的监管机构和公众对公营企业管理内容的了解不够。

经济主体和道德风险

家庭　㉑ 火灾保险

发生了火灾请给我补偿金。

实际上是因为躺着抽烟睡着了导致火灾，但通过撒谎得到补偿金。

公营企业　㉑ 粗放经营

预算不足了，请补贴。

实际是把钱用在福利（温泉旅行）上，但通过造假得到补贴金。

---

*　指地方公共团体经营的水道、医院、交通事业等国有企业。——译者注

道德风险

违反道德和伦理的风险。也就是本来应该通过一定的方法和机制来避免风险，但却不加注意导致风险发生的可能性增加，打破了规制和秩序。

自然垄断

在某种产业领域，由于技术特性等原因，出现了由一家企业生产，成本更低、效率更高的现象，那么就不会构成竞争，自然形成垄断的状态。

由于"信息不对称"而选择了质量较差的产品

市场失灵也会因为"不知道商品质量或卖家类型"而产生。以二手房交易为例。二手房卖方更了解所出售房屋的质量，但是买方却没有质量相关的信息，因此只能根据卖方的描述和房子的外观来判断房屋情况。

这时，如果买方觉得"卖方的价格可能高了"，持谨慎态度导致交易无法进行，卖方就会推荐质量较差但价格便宜的房子。结果，本来应该择优挑选的商品，由于买卖双方持有的信息不对称，买方选择了劣质商品，这就是"逆向选择"。

消除"逆向选择"的5种方法

买卖双方之间存在信息不对称可能导致市场失灵。由于"逆向选择"产生的原因是信息不对称，因此可以通过共享信息来消除逆向选择。有以下5种方法。

· **强制供给**：在一定时间段内，建立强制交易制度。

· **制度完善**：建立一个制度，对商品的品质、均衡进行统一维护和管理。

 术语解释

逆向选择

当买卖双方存在信息不对称时，低质量商品更有市场，而高质量商品会被淘汰。因为与进化论的自然淘汰相反，最不想要的商品往往很有市场，因此被称为"逆向选择"。

强制供给

需要在一定时间段内完成一定商品数量交易的方法。

逆向选择是什么

◆二手不动产（例）

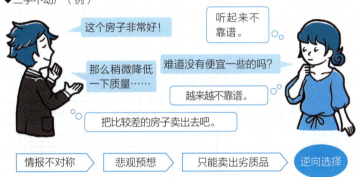

这个房子非常好！

听起来不靠谱。

那么稍微降低一下质量……

难道没有便宜一些的吗？

越来越不靠谱。

把比较差的房子卖出去吧。

情报不对称 ▶ 悲观预想 ▶ 只能卖出劣质品 ▶ 逆向选择

• 最低价格：通过禁止低于规定价格的交易来防止价格下跌。

• 信息登记：对贩卖优质二手商品的卖家和贩卖劣质的二手商品的卖家进行区分。

• 筛选（自我选择）：买方设置了一定的障碍，仅与清除该障碍的卖方交易，这样能淘汰不良卖家并维护市场秩序。

这些方法可以提高社会信用，并且有可能减少由于买家的悲观期望而引起的错误选择。

信息登记
包括公共机构的许可证、行业团体的许可证或注册证明等。

筛选
买方设定高标准来缩小卖方范围的方法。这样可以防止与不良卖方进行交易。

消费的两极化是如何发生的?

如今在日本,零售商的业绩已经出现了两极分化,大企业的利润大幅下降,而一些公司的营业利润却大大增加。产生这种情况的原因是存在冲突的消费者需求,例如"价格敏感的消费者"和"更注重质量的消费者"等。

这种两极化代表了消费者的两极化。换句话来说,收入和资产增加的富人对奢侈品的需求增加,而收入和资产没有增加的人对廉价商品的消费会增加。当然,由于喜欢低价的消费者众多,应该有可能通过降低价格来吸引顾客,但是按照行业来看,售卖食品和衣物的综合百货商店往往会遇到困难。这些商店通过批量订购降低了成本,并在全国范围内实现了低价售卖。但是,随着消费者的品位变得越来越零碎化、成熟化和老龄化,他们的需求更加多样化,所以可能不再选择这类百货商店进行消费。

许多消费者不仅重视价格低廉,而且还重视商品质量,即

使商品价格有点贵，只要他们对质量满意，也会购买。这也导致收入没有增长的个人消费者的消费行为两极分化，购买价格稍贵但具有吸引力的商品的选择限制了其他商品的购买（排他效应），"因为想要攒钱买喜欢的商品，所以其他商品只买必需品。"

　　需求的多样化极大地扩大了消费者的选择范围，因此想要对所有日本人提供有吸引力的高价商品是很困难的。在这种情况下，只有能够瞄准并满足消费者需求的公司才能盈利。

宏观经济学的基础（一）

宏观经济是分析国民经济总体动向的一门学科

附加价值作为报酬分配给各个经济主体

宏观经济学是分析GDP、经济成长、通货膨胀、通货紧缩、不景气、失业等国民经济总体动向的一门学科，并着重于分析企业、家庭和政府的行动。通过宏观经济分析，能够发现行业景气的变动、经济成长、世界金融危机等是如何发生的，并能借此合理预测出有效果的政策。

开展宏观经济活动会产生**附加价值**。从宏观经济学的视角来看，附加价值是从"日本总体的生产额"中减去"所有的原材料费（**中间投入额**）"后剩下的部分，这部分也叫做国家全体的"**收入**"。

 术语解释

附加价值

商品贩卖时的价值减去其生产成本的价值。如果这个差值为正，那么经济活动的附加价值就是正的。

中间投入额

经济主体（主要是企业）在生产过程中花费的原材料和燃料，以及生产其他产品或服务时所产生的成本。

　　这个收入减去税金和社会保险费后的部分会作为报酬（收入）被分到与生产有关的企业、家庭里。企业和家庭用这份钱去购买商品、服务，房子、土地、企业设备等资产，出现剩余的情况会去存款或者购买股票等金融资产。

计算GDP之类的国际标准SNA

　　用数字来把握宏观经济状况时，使用的是国民经济统计体系（SNA）。SNA是一种成体系地记录一个国家的有关生产、消费、投资的流量方面，以及资产、负债这种存量方面的国际会计标准。根据推定的SNA的数据，就可以计算出以GDP作为代表的一个国家的宏观经济活动的数据了。

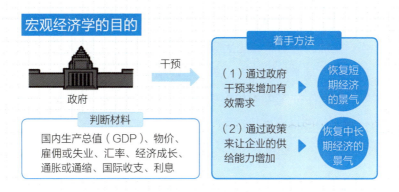

宏观经济学的目的

政府 →（干预）

着手方法

（1）通过政府干预来增加有效需求 → 恢复短期经济的景气

（2）通过政策来让企业的供给能力增加 → 恢复中长期经济的景气

判断材料
国内生产总值（GDP）、物价、雇佣或失业、汇率、经济成长、通胀或通缩、国际收支、利息

收入
通过经济活动得到的收益减去必要成本。

SNA
System of National Accounts的简写。以可以进行国际比较的形式成体系地记录一国经济的全貌，是联合国制定的国际会计标准。

一定时间内国内产出的物品的附加价值的总和

GDP是测量国家的经济活动规模的指标之一。它是指一定时间内国内新产生的物品、服务的附加价值的总和。另外，GDP的统计仅限于国内，位于国外的海外分公司生产的物品、服务的附加价值并不包括在内。

相似的词语是GNP（国民生产总值），这个数值计算的不仅包括国内的，国民在国外生产的物品、服务的附加价值也包含在里面。

GDP是"流量"但不是"存量"

这里重要的一点是，GDP是"流量"但不是"存量"。流量是指某个一定期间产出的附加价值的量；存量是指到某个时间点为止储备的资产（国民净财富）。

例如，某个外卖企业一年间准备了1亿日元的面包和1亿日元的肉来制作汉堡并最终卖出了4亿日元，那么该企业的附加价值就等于"生产额–原材料费"="4亿–（1亿+1亿）=2亿日元"。

GDP包含"间接税净额"，这个间接税净额是消费税之类

 术语解释

GNP

国民生产总值，Gross National Product 的简写。以前GNP作为宏观经济活动的指标被广泛使用，但是自1990年开始逐渐变为使用GDP作为宏观经济活动的指标。

的间接税减去给企业的补助后剩下的部分。除此之外，生产产生的机械消耗之类的折损部分（固定资本消耗）也包含在GDP中。GDP减去固定资本消耗之后的剩余部分叫做NDP（国内净生产总值）。

　　另外，GNP减去固定资本消耗和间接税净额后剩余的是NI（国民收入），其是指国民实际到手的收入。

4个经济指标

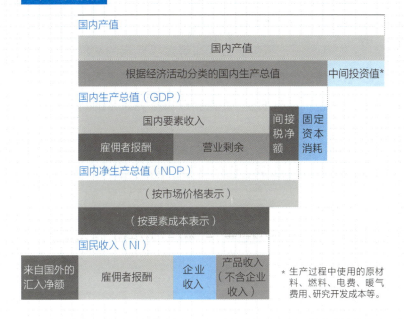

NDP

国内净生产总值，Net Domestic Product 的简写。指国内生产总值减去固定资本消耗的部分的剩余部分。

NI

国民收入，National Income 的简写。指一定期间内国民赚到的收入合计额。

那些未计入GDP的收益

有些交易实际上产生收益，但却不包括在国内生产总值中，具体有以下几项：

· 由于房地产和股票价格上涨而产生的出售收益（**资本收益**）——因为其不是因生产活动而新产出的。

· 家务劳动——清洁、洗衣和烹饪等家务劳动，如果是请了家务服务就会产生工资。但是，很难用货币评估不是用于交易的家务劳动的价值。

· 二手货——不包括二手车等二手商品的交易，但是包括二手车销售的手续费和中介费。不过销售二手房的**销售中介费**等不包括在GDP内，而重新改造室内装修的费用包括在GDP中。

即使未在市场上交易，也包含在GDP内的收益

另一方面，也存在即使没有在市场上交易，也有一些经济活动产生的收益包含在GDP中的情况，主要有以下两种。

 术语解释

资本收益
因股票、债券和房地产等资产价值上升而产生的利润。一般指购买价格与销售价格之间的差。

销售中介费
当某种物品或服务的销售外包给代理商等时，因商品的销售而支付的手续费。

• 政府活动——例如，老年人福利等政府提供的某些服务，不经过市场，所以不可能客观地计算出金额。因此，政府服务的价值以服务成本（服务中涉及的公务员工资）来计算。

• **自家消费**。当农民自己种植农作物并自家吃时，无法通过市场对其定价，并且很难客观地计算出消费量。因此，所有的自家消费被认为已经在市场上出售并记录在GDP中。

GDP包括、不包括的

不包括在 GDP 内的

① 出于房地产和股票价格上涨而产生的出售收益（资本收益），因为不是因生产活动而新产出的价值。

② 家务劳动
因为没有在市场上交易，所以很难计算出家务劳动的价值。

③ 二手货
二手商品的交易不计算在内。

包括在 GDP 内的

① **政府活动（政府福利）**
政府服务以服务成本来计算。

② **自家消费（农作物等）**
农民自家消费被认为已经在市场上出售。

自家消费
生产物品或服务的主体自己消费了该产品而不将其投入市场。

宏观经济学的基础（二）

GDP（所有的附加价值）等于总产出、总收入、总支出

宏观经济学的基本原则——"三面等价原则"

GDP是由国内的产出产生的新的附加价值的合计，产出的东西肯定要被分配给某人，变成某人的收入，并且收入必然又会用在某个地方。也就是说，产出的附加价值全部都被分配给个人，个人通过分配得到的收入又会全部作为支出花费出去。所以"由**产出面**来计算的国内生产总值=由**分配面**来计算的国内收入总值=由**支出面**来计算的国内支出总值"这个方式是成立的。这就是宏观经济学原则中的三面等价原则。但是需要注意的是，收入会全部用于支出是指，事后进行储蓄和投资等的处理达到会计学上的收支平衡。

 术语解释

产出面
这个情况的收入是指企业和政府创造的物品、服务等收入。

分配面
市场交易产生的利益。分配表示哪个主体拥有哪份利益（被分配）。

作为指标的GDP有其局限性

GDP的增长一般被认为是能让国内人民生活水平提高的"好事情"，日本在从经济高速成长期的20世纪60年代开始，随着GDP的增长，其在经济上变成了富裕国家。但是GDP不包含市场上不能交易的东西，所以GDP的增加也不能断言一定都是好的。例如，GDP不包含生产活动产生的公害等由此造成的负面影响，也不包括贫富差距问题，所以作为指标来说GDP还是有其局限性的，并且其局限性很大。

三面等价原则

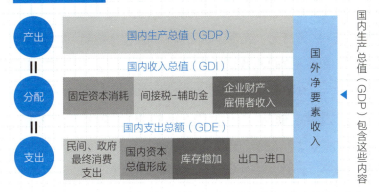

支出面
为了购买物品、服务而进行的支出或者支付。

与物价相关的三个指数

通过把某个时间点的物价设为100，然后把现在的物价相比于100的差值进行数值化，数值化后的数字叫做物价指数。

例如，某个商品的价格在去年某一天是100日元，一年后的现在是110日元，这种情况物价指数就是110，也就是说，物价同比上升了10%。这种物价指数包含"**消费者物价指数**"和"零售（批发）物价指数"两种。

1．消费者物价指数

消费者物价指数是指消费品的物价指数。假设家庭的消费构造是不变的，那么消费者物价指数是指表明购买消费品需要的费用随着物价的变化如何变化的指数值。如果购买某消费品去年花了50万日元，而今年买同样的消费品（物品、服务）花了52万日元，这时消费者物价指数就是104，这个数值表示以去年作为基准的"当年的消费者物价指数"有了"4%的增长"。

2．零售（批发）物价指数（原材料、工作品等生产资料）

零售（批发）物价指数是指原材料和工业产品生产资料进出口商品这种家庭无法购买的、企业用来进行生产活动的物

 术语解释

消费者物价指数
测量国内的全体国民购买的物品和服务的价格的平均变动的指标。

品、服务的物价指数。其计算方法和消费者物价指数一样。

3．GDP平减指数

想要观测国家全体的价格变动，GDP平减指数很重要。GDP平减指数是指核算了价格变动的"名义GDP"，是除了以通过某一年的市场价格为基础剔除了那一年的物价变动后的"实际GDP"的指数。这个数值（GDP平减指数）如果上升，通货膨胀的压力就会变大；如果数值下降，通货紧缩的压力就会变强。

3个物价指数

消费者物价指数

▼

家庭购买食品、服装之类的消费品的物价指数。

零售（批发）物价指数

▼

原材料、进出口商品等企业的生产活动所需的商品的物价指数。

GDP 平减指数

▼

为了通过名义GDP计算实际GDP时减去物价上升程度的指数。

名义 GDP

由指定年份生产的所有物品、服务的附加价值相加计算出的GDP。

实际 GDP

以某一年作为基期的价格计算出来的当年全部最终产品的市场价值。

什么是凯恩斯主义经济学？

凯恩斯主义经济学适用于经济萧条时期

宏观经济学的起源——凯恩斯主义经济学

约翰·梅纳德·凯恩斯（John Maynard Keynes，1883—1946），是20世纪对经济学影响最大的英国经济学家，是宏观经济学的创造者。凯恩斯主义经济学就是他在资本主义经济衰退期间提出的，其基本立场是"重视数量而不是价格，调整的是供求之间的差异"。

当某种商品在市场上供大于求时，商品就卖不出去，库存就会过多。如果社会上有类似的情况，就可以称之为经济衰退。

在微观经济学中，如果价格机制起作用，需求量和供给量就会被价格调整，即价格下降刺激需求，抑制供给量，消除过

 术语解释

约翰·梅纳德·凯恩斯

20世纪上半叶的英国经济学家，他在1930年资本主义经济大衰退的背景下提出了改良资本主义理论。他为宏观经济学的建立做出了重大贡献。

凯恩斯主义经济学

该理论认为市场经济的价格调整功能并不具有普遍性，财政支出政策在经济衰退时是有效的。这种包括有效需求创造理论概念在内的理论成了宏观经济学的基础。

剩的供给。但如果价格下降的速度慢，就需要一定的时间来达到平衡，过剩的供给就不会被消除。因此，企业将不得不减少生产以消除过剩的供给，只有当需求再次增加时，才会增加生产。这样一来，就很难迅速走出经济衰退的状况。

　　而凯恩斯则主张从政策角度控制有效需求（通过公共投资和减税刺激有效需求），从而增加总需求和产出，增加国民收入。他认为，只要增加人们的需求，就能在短时间内摆脱经济衰退。凯恩斯主义经济学的这一思想适用于失业人员多、设备闲置、企业生产能力过剩的经济萧条时期。

凯恩斯主义经济学在经济衰退中的有效性

通过公共投资和减税增加政府可用的资金（需求）

如果不加以控制会导致经济衰退

需求＜供给　　　　需求＝供给

国内生产总值可以增加到满足总需求

　　凯恩斯主义经济学主要关注的是商品市场的总需求是如

衰退

经济停滞的状态或情况。就业和生产萎缩，物价、工资和利率保持在低水平的状态。

有效需求

以货币支出为支撑的需求。凯恩斯认为，有效需求能左右经济。

何决定的。凯恩斯主义经济学认为，产出（GDP）可以尽可能地增加，直到满足宏观经济总需求，即家庭、企业和政府3个代表性经济主体的需求之和。这个概念被称为"有效需求原理"，用以下公式表示：

总需求A=消费C+投资I+政府支出G

（为了简单起见，我们假设投资I和政府支出G是常数。）

消费C随着国民收入Y（即GDP）的增加而增加，此外，由于消费C是总需求A的一部分，所以总需求A也会随着国民收入Y而波动。换句话说，总需求的增加相当于消费的增加。

"有效需求原理"的机制

在"国民收入决定机制"图中（如下页图所示），纵轴为总需求A，横轴为国民收入Y（GDP），坐标轴内的45°曲线为国民收入Y等于总需求A时给出的"商品市场的均衡条件"。

AA线代表总需求曲线，由于总需求随着国民收入的增加而增加，所以AA线表现为向右上升的斜线；且由于总需求的增长率小于国民收入的增长率，所以其曲线斜率小于1。此时，AA线的斜率一定比Y=A的45°线平缓，且会在E点之后处

 术语解释

宏观经济总需求	有效需求原理
社会在某一时间点或某一国家的总体需求。它也可以称为国内生产总值的需求。	整个经济中有效需求的大小决定了一个国家的国民收入和就业情况等经济活动水平。

于45°线的下方向右上方缓慢上升。AA线和45°线的交点E是
总需求和总供给相等时的**均衡点**。

在E点的右侧，由于总供给大于总需求，就会产生非预期
库存。因此，如果企业不想要库存，最终会将产量降到E点，
转移生产以满足国民需求。另外，在E点的左侧，总需求大于
总供给，所以企业应扩大生产，直到达到均衡点E，商品市场
才能处于均衡状态。

国民收入决定机制

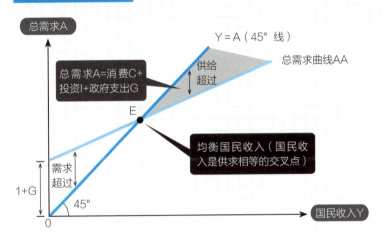

商品市场的均衡条件

商品市场的总供给和总需求相等的条
件，其中"投资=储蓄"成立。

均衡点

在图形上绘制的需求曲线和供给曲线
的交点，是指需求和供给的重合点。

有着相互依存关系的商品市场和货币市场

　　交易物品或服务的商品市场和交易货币的**货币市场**二者是相互依存的，**IS-LM模型**通过分析两个市场之间的关系，解释了国民收入和**利率**的问题。

　　在IS-LM模型分析图中（如下页图所示），IS曲线代表了GDP和利率的组合，在这个组合中，商品市场的需求和供给处于平衡状态。如果从商品市场的利率和GDP的关系来看，当利率上升时，投资会减少，所以商品市场会出现供给过剩。为了维持商品市场的平衡，需要使GDP减少，供给受到抑制，所以IS曲线变成向右下延伸。

　　LM曲线是指货币市场的供求关系处于平衡状态下的GDP与利率的结合线。当利率上升时，货币需求减少，供给过剩，为了维持货币市场的平衡，必须增加GDP来刺激货币需求，所以LM曲线呈现为向右上延伸。

　　IS曲线和LM曲线的交点E是商品市场和货币市场同时处于平衡状态的时候，这就代表着商品市场和货币市场的供求关系处于同一水平，GDP和利率处于平衡状态，与此相对应的处于

 术语解释

货币市场
货币交易的市场。利率的确定是为了使货币的供求相匹配。

IS-LM 模型
由美国现代著名经济学家约翰·希克斯（John Hicks）和阿尔文·汉森（Alvin Hansen）在凯恩斯主义经济学基础上概括出的一个经济分析模式，也称"希克斯-汉森"模型。它是宏观经济分析的一个重要工具，是描述商品市场和货币市场之间相互联系的理论结构。

均衡点时的消费、投资、货币需求也确定下来。在均衡点E处得到的国民收入称为"均衡GDP"，利率称为"均衡利率"。

均衡GDP不等于充分就业GDP

　　劳动者在**劳动力市场**上充分就业所产生的GDP称为"充分就业GDP"。在均衡GDP中，商品市场和货币市场的均衡是同时建立的，但不能保证其与充分就业GDP相一致。一般来说，经济衰退时，均衡GDP会变得小于充分就业GDP，与缺口相对应的失业者被称为"**非自愿失业者**"。

IS-LM模型分析图

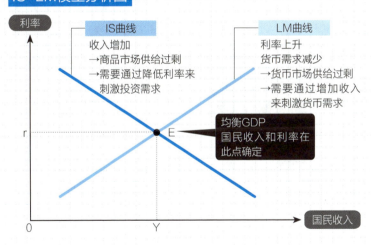

利率

IS曲线
收入增加
→商品市场供给过剩
→需要通过降低利率来
　刺激投资需求

LM曲线
利率上升
货币需求减少
→货币市场供给过剩
→需要通过增加收入
　来刺激货币需求

r ······················· E

均衡GDP
国民收入和利率在
此点确定

0　　　　　　Y　　　　　国民收入

利率
借贷时，每年要支付一个额外的百分比。

劳动力市场
由需求方（企业）和供给方（劳动者）组成的市场，作为劳务交易的场所。

非自愿失业者
想工作但没有工作机会和无法工作的劳动者。

经济主体和政府

> 政府在支持宏观经济活动方面
> 发挥着各种作用

形成家庭收入与消费之间关系的"消费函数"

正如我们在本书微观经济学部分所讨论的，经济主体包括3类：家庭、企业和政府。其中家庭会将其"收入"分配到"消费和储蓄"中。下页图中所示的"消费函数"表示了家庭"收入"与"消费"的关系，在图形和公式中，收入用Y表示，消费用C表示，消费函数公式如下：

$$C（消费）= C_0 + C_1 Y$$

例如，假设你的收入增加了1万日元，并且你把增加的收入全部用于消费，那么这个消费曲线的斜率是1，角度呈45°，这就是1∶1的关系。但实际上，即使消费随着收入的增加而增

 术语解释

边际消费倾向
消费者新增加的用于消费的每单位收入的比例。如果消费了所有增加量，则其值为1（100%）。

边际储蓄倾向
消费者新增加的用于储蓄的每单位收入的比例。如果储蓄了所有增加量，则其值将为1（100%）。

加，但由于并不会将收入全部用完，所以消费的金额会比增加的收入少，因此，C_1曲线向上延伸的角度小于45°。此时收入与消费的差额（剩余部分）会用于储蓄。因为即使在收入为0的情况下，家庭也会消费生活所需的最低限度，所以下图中消费函数的线从C_0点开始，而不是0点。这种收入与消费之间的关系被称为"收入决定消费"。并且，当收入增加时，消费增长的比率称为**边际消费倾向**，储蓄增长的比率称为**边际储蓄倾向**。

如果家庭的储蓄为0，当前消费的效用（满足度）会增加，但如果没有储蓄，未来消费的效用将处于最低水平；反之，如果收入存得太多，目前的效用就低。因此，从长远来看，家庭应使其当前和未来的消费水平**平准化**，这就是消费和储蓄的最优行为。

消费函数

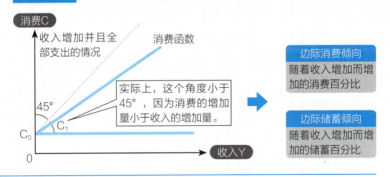

边际消费倾向
随着收入增加而增加的消费百分比

边际储蓄倾向
随着收入增加而增加的储蓄百分比

平准化
消费水平的平准化是指不会在不同的时间点上造成巨大的消费波动（例如，现在是100%，未来是0等），指平均消费。

投资多少资本才能获利

第二个经济主体——企业的目的是实现利润最大化。为此，它会将资本投入到生产活动中，追求产品销售的利润。企业在考虑其投资行为时，关键点在于"投入到生产中的资本是否处于最佳水平"，换句话说，投资多少才有利可图？

当机器设备等**资本存量**每增加1单位时，产出（市场价格）的增加就是**资本的边际产量**（优势）；另一方面，这时的劣势（边际成本）指的是成本的增加，表现为每单位新资本在市场上租借时的**借贷成本**，也就相当于利率。

只要资本的边际产量超过边际成本，企业就会增加其从市场上借入的资本存量。换句话说，企业应该继续将资本投入到生产中，直到增加产量所获得的价值低于必要的生产成本。资本存量的最高水平是指资本的边际产量（优势）与资本的边际成本（劣势）相匹配的点。但实际上，资本的调整需要时间，所以企业并不总是持有最佳的资本水平。

 术语解释

资本存量

社会或公司的设备。如果是工作机械、运输设备等，则要将其折算成货币价值。

资本的边际产量

每增加1单位资本存量时，产量增加的部分。例如，增加一台机器时，产量增加的部分。

企业在寻找合适的资本投资时机

因此，对企业来说，预测宏观经济走势，把握时机，以达到最佳的资本水平是非常重要的。如果宏观经济环境好转，企业自身的销售环境也有望得到相应的改善，则资本的边际产量将有所增加，所以企业有必要对此进行有效的投资预测。

资本的边际产量和资本的边际成本

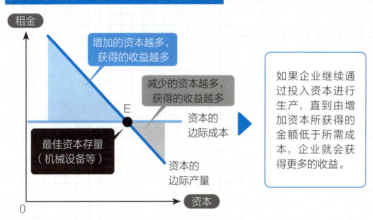

如果企业继续通过投入资本进行生产，直到由增加资本所获得的金额低于所需成本，企业就会获得更多的收益。

借贷成本

我们之所以统一这样称呼，是因为资本存量（机械设备等）的增加，无论是购买还是租借，其成本是同样的。

政府在经济活动中扮演什么角色？

一般来说，在经济学上，政府应该扮演4个角色，具有资源配置、收入再分配、稳定、对后代的考虑4种职能。

· 资源配置职能——如果把社会资本和公共服务交给民间，社会资本和公共服务就会因为无利可图而无法达到社会理想的供给水平，所以政府要适当供给，消除资源配置的低效率。此外，企业和家庭为追求利润和效用而进行的经济活动也会给其他经济主体带来不便（外部不经济），为了防止这种情况的发生，政府起到了规范法律法规、惩治违法者的作用。

· 收入再分配职能——当收入不平等加剧时，贫富差距变大，整个社会就充满了不平等和不公平感，因此，政府会从经济条件优越的人身上抽取一些收入，再分配给那些不富裕的人。这就是收入再分配功能，居民最低生活保障、失业保险、医疗保险、养老金等社会保障项目都是基于这一理念。

政府还要为稳定宏观经济进行经济干预。

· 稳定职能——即使国际金融不稳定、自然灾害、国际恐怖主义等外源性冲击导致经济活动陷入衰退或不稳定，如果市

 术语解释

资源配置的低效率
生产所需资源没有得到合理分配的情况。它指的是帕累托最优资源配置没有实现的状态。

居民最低生活保障
向低于文化生活（社会生活）能保持最低限度水平的公民提供生活保障的制度。

场机制发挥作用，最终也会恢复正常。但是，由于短期内失业人数和企业破产数量的增加，政府会进行经济干预，以减轻冲击的不利影响。

• 对后代的考虑——如果生活在今天的这一代人只顾自己的利益，可能会造成资源的枯竭和环境的破坏，而这可能导致我们的后代无法享受最佳经济增长的情况。为了防止这种情况的发生，政府应该正视环境问题和经济的可持续增长，并对各种问题作出适当应对。

政府的四大职能

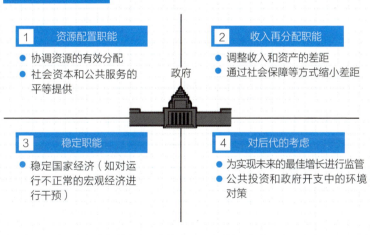

1　资源配置职能	2　收入再分配职能
● 协调资源的有效分配 ● 社会资本和公共服务的平等提供	● 调整收入和资产的差距 ● 通过社会保障等方式缩小差距
3　稳定职能	4　对后代的考虑
● 稳定国家经济（如对运行不正常的宏观经济进行干预）	● 为实现未来的最佳增长进行监管 ● 公共投资和政府开支中的环境对策

政府

市场机制
按照完全竞争市场原则（价格调整得好，供需就会自动达到平衡）进行的市场交易。

后代
现在生活的一代人叫做现代，与此相对应的，今后出生的子孙代就叫做后代。

了解财政政策（一）

[政府支出增加，会滚雪球般地变成更高的消费、收入和需求]

乘数效应，即政府支出滚雪球式地增加需求

在经济学中，政府支出对经济的影响被称为"政府支出的**乘数效应**"。如下页图所示，纵轴为总需求A（消费C+投资I+政府支出G），横轴为产量，也就是收入Y。

宏观经济市场的需求和供给（产量=收入）在E点处于平衡状态，即收入45°线（Y=A）和总需求曲线AA相交。而当政府支出G增加时，总需求曲线AA会向上移动，与收入线的交点也会向上移动（国民收入也增加）。而且政府支出的增加会诱发相当于边际消费倾向大小的消费c，但家庭并没有把增加的收入全部消费完，所以AA线的斜率小于45°线（家庭把增加

 术语解释

乘数效应

宏观经济术语，指国民收入的增长量除以政府支出的增长量。它是指当政府支出增加时，GDP增长的幅度大于增加的数额的现象。

的收入全部消费掉）。在对消费有诱导作用的情况下，政府支出增加导致的国民收入增加幅度将大于1，决定了国民收入增加量的边际消费倾向c越大，政府支出对国民收入的乘数就越高。该效果为1减去边际消费倾向c的边际储蓄倾向的**倒数**，即用式子表示为1/（1-c）。乘数效应就是财政支出越多，收入越多，消费越多，收入越多，以此类推，直到需求以滚雪球的方式扩大。

　　增加总需求的方法之一是**减税**。其乘数为c/（1-c），但其小于政府支出的乘数1/（1-c）。这是因为其并没有增加政府支出的直接效果，即使减税间接增加了需求，家庭也会节省一部分增加的可支配收入。

财政支出的乘数效应

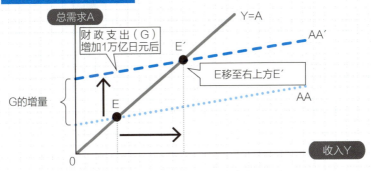

倒数

数学科学用语，是指数学上设一个数字为x，当与它相乘时乘积为1的数。

减税

减少税收。税收有很多种，减轻不同的税负，对家庭、企业和其他经济主体的影响也不同，但这里我们假设为所得税。

还有一种政策叫"**平衡预算**"，即政府支出增加的数额与税收增加的数额相等。在这种情况下，政府支出的乘数 $1/(1-c)$ 和增税的乘数 $-c/(1-c)$ 相加为1（平衡预算乘数）。在这种平衡预算下，国民收入的增长幅度就是政府增税（支出）的幅度，这就是所谓的"平衡预算乘数"定理。

所得税是如何稳定经济的

乘数效应并非越大越好。这是因为，当收入（生产活动）因某种外生性冲击而发生较大波动时，社会就会变得不稳定。例如，如果突发的国际金融危机导致企业投资减少，乘数效应较大（边际消费倾向较高）的话，民间消费就会急剧下降，从而可能导致国民收入大幅下降，经济衰退加重。

但是，即使投资需求减少，如果有**税收制度**或者失业保险制度，导致可支配收入减少的幅度较小，计算中的乘数就会变小，总需求减少的幅度也会变小。也就是说，所得税制度通过缩小收入和消费的增减幅度来稳定经济。这种抑制乘数效应的过度影响的制度被称为"**税收内在稳定器**"。

 术语解释

平衡预算

通过提高税收来抵消政府支出的资金缺口。"平衡"一词是指在一个财政年度内实现收入与支出的平衡。

税收制度

国家和地方政府依法向公民和企业征收经营预算的制度，包括公共产品和服务费用等。

我们可以从家庭的角度来说明这个问题。在实行所得税制度时，随着收入的增加，家庭的税负会越来越重（**累进税**）。因此，如果收入因经济衰退而减少，所得税负担就会变轻，可支配收入减少的数额也会减少。因此，用于消费的货币量并不会减少那么多，GDP下降的幅度也就很小。这就是税收制度如何通过减少所得税来弥补收入的下降。

失业保险等社会保障制度也具有稳定功能。这样，即使因经济下滑导致失业人数增加，也能通过增加失业保险金，最大限度地抑制失业者的消费下降。相反，当经济好转时，失业保险金就会减少，抑制消费增长，起到抑制经济过热的作用。

自动稳定化机能

例1　所得税
　　经济繁荣
　　　▼
　　收入增加
增税　▼
抑制总需求的快速增长

例2　失业保险
　　经济衰退
　　　▼
　　失业者增加
增加失业保险补助　▼
抑制消费快速下降

税收内在稳定器
减轻经济过热等问题的税制效果。

累进税
随着收入增加而征收较高税率的税种。收入越高，缴税越多。

IS-LM模型中政府支出的效果

　　政府支出增加了商品市场的有效需求，这就增加了总生产和国民收入。从IS-LM模型来看，此时IS曲线（国民收入和利率的组合，商品市场的供求处于平衡状态）向右上方移动。

　　另一方面，政府支出的增加并不影响LM线（国民收入和货币市场供求处于平衡状态的利率组合），那么，IS曲线和LM曲线之间的平衡点E就会向右上方移动。换句话说，当国民收入增加时，利率也会增加。具体流程如下：

　　• 政府支出的增加会导致商品市场的需求过剩，从而刺激生产，增加交易需求。

　　• 随着消费机会的增加，对货币的需求也会扩大。

　　• 过剩需求的产生，是因为货币市场无法达到常规利率的均衡。

　　• 利率上升减少货币需求。

　　因此，利率的提高会对投资需求形成抑制，进而抑制总需求，这就是所谓的政府支出的"挤出效应"。上述乘数效应是基于利率不增加的假设，实际上利率确实增加了，而效应被

 术语解释

挤出效应

一种被描述为"挤出"政府支出减少私人投资的效果。当有效需求因政府支出而增加时，社会对货币的需求就会增加，从而造成货币短缺。因此，利率上升是为了抑制流通中的货币量，平抑货币需求。利率的提高会导致民间投资的减少。

部分抵消。

挤出效应不起作用的"流动性陷阱"

有一种情况叫做"流动性陷阱"，即当LM曲线水平时，挤出效应根本不起作用。在这种情况下，即使IS曲线因财政政策而向右移动，利率也不会发生任何变化，因而民间投资也不会发生任何变化。另外，如果IS曲线是垂直的，利率随着财政政策的增加而增加，但投资却丝毫没有减少，则不会发生挤出效应，乘数效应仍然很大。

政府开支对IS-LM的影响

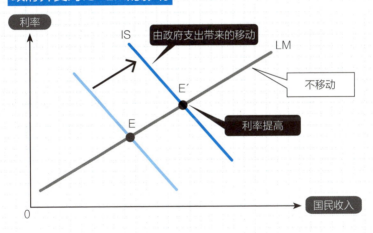

部分抵消

在假设投资不变的简单模型中，乘数效应并没有考虑利率的增加，但由于有效需求的增加，利率的增加会减少投资需求，投资减少的部分就是抵消部分。

了解财政政策（二）

> 长期来看，基本平衡
> 应该是盈余的

"财政赤字"，即政府的支出超过税收收入

政府的支出超过税收的状态称为"财政赤字"。"财政赤字"这个词往往被认为是一个大问题，但根据凯恩斯模型，政策的目标是管理总需求，从而实现充分就业，所以没有必要每年总是使财政收支平衡。

如果国民收入不变，则"**充分就业赤字**"水平不变。但是，实际财政赤字的数额也会随着经济的发展而上升或下降。实际财政赤字与充分就业财政赤字之间的差额称为"周期性财政赤字"。

反之，如果既有充分就业，又有大量的预算赤字，就有大问

 术语解释

充分就业赤字

在充分雇佣工人的情况下出现的预算赤字。如果充分就业赤字很大，就必须减少政府支出，通过增加税收来增加收入，因为税收收入不可能因为就业和生产的增加而增加，也就是所谓的结构性预算赤字。

题了。预算是赤字还是盈余，是由税收决定的，但如果实现了充分就业，国民收入就会处于较高的水平，税收应该会增加。如果在这样的情况下，预算赤字仍然很大，那就是政府的税制和支出结构出了问题。

债务付息以外的支出超过税收收入的财政赤字称为"**基本平衡**赤字"，也就相当于"基本预算赤字"。这个数值等于"新发行的公债金额减去公债付息"。

主要预算赤字与家庭预算赤字相同，即收入减去生活消费。就国家政府而言，一级预算赤字是判断财政能否长期保持平衡的标准。这是一个重要的指标，因为持续的赤字意味着国家财政的破产，而国家财政的破产又意味着国家的破产。

财政赤字的允许范围

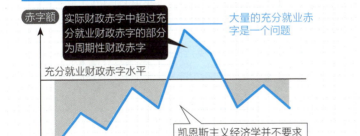

赤字额 | 实际财政赤字中超过充分就业财政赤字的部分为周期性财政赤字 | 大量的充分就业赤字是一个问题

充分就业财政赤字水平

凯恩斯主义经济学并不要求政府财政每年都有盈余

—— 实际的财政赤字

0 | 年份

基本平衡

税收收入与政策性支出之间的平衡，又被称为初级财政收支。自20世纪90年代初以来，日本一直处于初级收支逆差状态。

当初级财政收支出现赤字时，政府就会发行公债进行融资

基本平衡是指收入（包括除发行的公债以外的税收收入）与支出（不包括支付利息）之间的平衡。当收入超过支出时，基本平衡为盈余；当收入低于基本平衡时，则为赤字。

当政府支出超过税收收入时，如果不增加税收，那么通常会发行政府债券，并在市场上消化，为政府支出提供资金。换句话说，政府债券是政府发行的债券，购买这些债券的人是在"借钱给政府"。

对于日本国债，日本法律规定其需于60年赎回，利息每半年支付一次，到期时人们可赎回债券，偿还本金。

赎回政府债券的资金来源于税收。即使暂时不用增税，也需要60年时间，用发行国债所得的财力来支撑政府开支和减税政策。

政府要想在未来偿还已经发行的公债，税收收入必须长期超过政府支出，基本平衡必须长期处于盈余状态。如果政府支出继续超过税收，公共财政将难以为继，国家财政也会面临破产。

 术语解释

支付利息
金融交易中的利息。

债券
为筹集资金而发行的证券。

计算付给政府的钱和应收的钱的"代际核算"很重要

另一方面，有人认为"发行国债，将来用税收来<mark>偿还</mark>"与"提高税收然后为政府支出提供资金"的唯一区别是收税时间的不同。从代际公平而言，发行公债的收益和增加税收偿还公债的负担最好能在各代人之间均衡。因此，在发行国债时，每一代人得到的利益和负担最好是公平的。因此"**代际核算**"是一种很重要的方法。

基础财政收支（基本平衡）

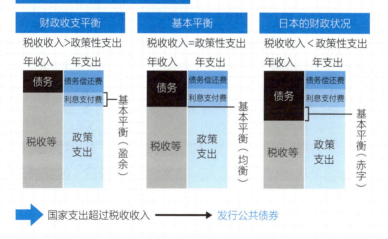

财政收支平衡	基本平衡	日本的财政状况
税收收入＞政策性支出	税收收入＝政策性支出	税收收入＜政策性支出

国家支出超过税收收入 ━━━▶ 发行公共债券

赎回
在债券到期日向持有人退还债券的面值。这个到期日称为"赎回日"。

代际核算
一个人一生中向政府支付和从政府获得的数额，按不同年代来推算。

发行公债会不会把负担转嫁给后代？

发行公债最终会导致不可避免的增税。当子孙后代不得不承担这种增税的时候，公债的负担就会从当前这一代人转嫁到子孙后代身上。然而，子女这一代人，却要被迫承担自己连用都没用过的父母那一代人的债务，如此说来他们是不会幸福的。

然而经济学家认为，发行公债的负担并没有转嫁到后代身上，这就是所谓的"**公债等价定理**"。

如果在同一代人中发行公债和偿还公债，唯一的区别是政府支出的资金的来源是现在的"增税"还是以后的"发行公债"，承担税负的是同一代人。理论上，如果总的税负不变，那么一个人的长期可支配收入也会保持不变，因此家庭的消费行为也会保持不变。这个理论被称为"李嘉图等价定理"。

推迟偿还政府债券不会改变市民的消费活动

另一方面，如果我们继续推迟偿还公债，发行**再融资债券**，在当前这一代人死后，现在的公债将被偿还。既然这一代人可以向后代人征收更高的税款来支付赎买费用，那么李嘉

 术语解释

公债等价定理
认为发行公债的负担没有转嫁给后代的理论。包括李嘉图和巴罗在内的一些经济学家都提出了这个理论。

再融资债券
以新发行的政府债券，来偿还到期债务。可以比喻为借新还旧。

图等价定理就不成立。在这种情况下，主张"税收与公债无差别"的是"**巴罗**的等价定理"。

我们相信，父母这一代能把财富留给子孙后代，并且会"关注后代的经济状况"。到最后，他们会关心未来的子子孙孙，所以无论公债赎回时间如何推迟，人们都会表现出与子孙后代的增税会在自己有生之年赎回一样的消费行动。

与此相对应，强调将负担转嫁给子孙后代的是代核算法，即通过每一代人从政府获得的收入中减去对政府的支付，计算总净负担的现值，是分析社会保障制度效果的重要方法。

等价定理和代际核算

等价定理	代际核算
李嘉图 债券的效果与增税的效果相同 **巴罗** 鉴于遗产的抵消作用，公债不会将负担转嫁给后代 ▽ 唯一不同的是收税的时间	区分每一代人的获益和负担 ▽ 计算政府总收入减去各代人支付后的现值

◀▶

巴罗

罗伯特·约瑟夫·巴罗（Robert J. Barro，1944—），美国宏观经济学家。巴罗的等价定理补充了"李嘉图等价定理"，即认为税收负担与公债负担相同，也被称为"李嘉图-巴罗定理"。

金融政策是什么？（一）

> 货币促进了商品的交易，
> 代表了商品的价值

货币在市场交易中是一种不可缺少的工具

经济离不开**金融**。金融是指资金充裕的经济主体将钱借给资金不足的经济主体，金融交易中不可或缺的是货币（钱）。

货币最基本的功能是作为"交换手段"，使商品与商品的交换变得顺畅。由于货币可以与所有商品进行交换，因此可以说其是一种方便的工具，可以非常顺利地进行市场交易。

如果没有货币，就如原始社会时期，人们会通过物物交换来进行市场交易。在这样的社会里几乎所有的商品都要人们自给自足，不难想象，它们的携带和交换是非常复杂的。货币的

 术语解释

金融
货币资金融通的总称。指市场主体利用金融工具将资金从资金盈余方流向资金稀缺方的经济活动。作为中介的机构包括银行、保险公司、典当行等。

货币
商品交换的中介，现在指的是由政府或中央银行发行的具有购买力的硬币或纸币。

使用，促进了劳动分工，使人们能够在自己擅长的生产活动中进行工作，社会也就变得更加先进和富裕。

货币的另一种重要功能就是作为"财富储蓄手段"。

财富的储存方式包括持有政府债券、公司债券、股票、土地、房屋、贵金属等资产，但最简单的方式是货币。当然，货币会受到通货膨胀的影响，但其价值的波动范围一般小于其他资产价值的波动范围。

货币也是一种"**衡量尺度**"，它通过给每件物品标上价格来表达物品的价值。

货币的作用

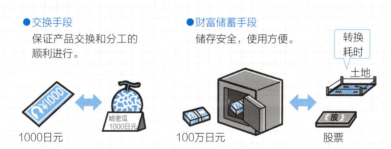

●交换手段
保证产品交换和分工的顺利进行。

1000日元

哈密瓜
1000日元

●财富储蓄手段
储存安全，使用方便。

转换
耗时

土地

股票

100万日元

股票

衡量尺度

货币的职能之一，又称"价值尺度"。
因为它可以表示有形和无形事物的价值，所以可以用其比较多种事物的相对价值。

信息是贷款的关键

"融资"分为"直接融资"和"间接融资"两种。直接融资是指购买股票、政府债券等，使资金直接转移到企业和政府。间接融资是指将存入银行和其他金融机构（金融中介功能）的储蓄借给企业和政府。

在这种金融交易中，重要的是"信息"。贷款人（借出者）不知道借款人将资金投入怎样的风险中，因此，借款人比贷款人掌握了更多关于风险和**核算性**的信息。在这种情况下，贷款人和借款人之间存在信息差异，这就造成了"信息不对称"。

如果借款人向贷款人透露了投资风险和收益的信息，贷款人就可以根据这些信息决定对高风险借款人采用较高的**利率**，对低风险借款人采用较低的利率，在有安全边际的情况下放贷。不过，借款人也有很大的可能会因为想尽量压低利率而隐藏风险。

因此，贷款人要准确考察、分析、评估借款人的支付能力和努力程度等信息，这也是银行和其他金融中介机构的**信息生产活动**。

 术语解释

核算性
企业或其他经济主体在生产活动中获得了利润，或者说其收益率很高。

利率
贷款金额的计算利率（利息率），以百分比表示。当使用"年化率"时，是指每年的利率。

政府的金融政策对利率的影响

政府的金融政策主要是为了稳定宏观经济活动，但它也会产生以下作用。在全国范围内的资金运转不畅的经济衰退期间，当货币供给量增加时，可用的货币量就会增加，从而使借贷变得容易，能使利率降低，这将增加投资，增加国民收入。换句话来说，如果货币供给量增加，生产活动就会更加活跃，总需求就会增加，经济就会改善。

直接融资和间接融资

直接融资
直接购买股票和政府债券

间接融资
间接购买股票或政府债券

⟹ 金融中介功能

信息生产活动
金融机构对工商企业的信用状况（如付款记录）进行审查的行为。能查出借款人相关信息的功能称为"信息生产机能"。

中央银行控制的高能货币

国有银行是主要的金融机构，被称为"中央银行"（在日本是日本银行），民营银行被称为"民间银行"。

金融政策是指中央银行控制国家流通货币的数量，以影响民间经济活动。这种中央银行可以直接控制的货币称为"高能货币"（基础货币）。

高能货币是指中央银行可以直接控制的货币总量，是指民间经济主体持有的现金和民间银行存入中央银行的货币之和。

增加存款货币的"信用创造"过程

民间银行必须将部分存款存入中央银行，这就是所谓的**"存款准备金"**，必须按照某种比例存入存款，这个比例被称为"存款准备率"（法定准备金率）。

例如，某银行有10亿日元的现金存款，它的存款准备率为10%，银行将留出1亿日元作为存款准备金，剩余的9亿日元将用于向企业和其他机构放贷。企业将资金存入自己的银行账户，用部分资金进行支付和投资。该笔款项或投资的钱也由另

 术语解释

存款准备金
民间银行将自己银行办理的个人和企业的存款按一定比例上缴中央银行。

一家企业收到后存入他们的银行账户。

　　像这样，大型企业借出的9亿日元最终又会作为存款回到银行。然后，银行又将把9亿日元中的10%，也就是9000万日元存入中央银行，而剩下的8.1亿日元将用于发放新的贷款。通过这种循环，各家银行的存款总额膨胀到存款准备金率的倒数倍。这个（在前面的数字例子中，10亿日元变成了100亿日元）叫做"**货币乘数（信用乘数）**"，它所产生的效果叫做"**信用创造**"。

信用创造如何运作

货币乘数（信用乘数）

中央银行向市场提供的资金量（基础货币）与经济活动提供的资金量（货币存量）之间的比率。这个数值越大，整个经济中流通的货币就越多。

信用创造

由于存款准备金的原因，即使实际上没有足够的货币，由于货币乘数也会增加，以此作为前提，民间银行的放贷额度有可能超过资金总额。

金融政策是什么？（二）

> 中央银行操纵货币供给量，
> 实施各种金融政策

中央银行实施的两项金融政策

中央银行主要有3个作用：货币的银行（发行货币）、银行的银行（向民间银行放贷和存钱）、政府的银行（存放政府征收的税款）。简言之，中央银行的作用是控制货币供给量，并充分发挥这些作用实施金融政策。中央银行实施的金融政策主要有以下两种。

1. 定价政策（**基准利率**政策）

中央银行向民间银行贷款时的利率称为"基准贴现率和基准贷款利率"，这是民间银行贷款利率的标准（放款时）。通过操纵基准利率，中央银行控制了货币供给量。

 术语解释

基准利率
中央银行向民间银行贷款时的利率。
基准利率可以由中央银行决定，作为
民间银行向个人和企业贷款的基础。

2. 数量政策

市场化运作——中央银行通过在市场上买卖债券和票据来操纵货币供给量。当中央银行卖出债券和票据（**卖出操作**）时，社会上的货币量就会减少，经济过热就会受到抑制；当央行买入债券和票据（**买入操作**）时，社会上的货币量就会增加，经济就会受到刺激。

法定准备金率的运作——改变民间银行存款准备金率（法定准备金率）。降低准备金率可以增加中央银行可供放贷的货币量，从而增加社会上的货币供给量。相反，提高准备金率会减少可借出的货币量，从而减少社会上的货币供给量。

中央银行的两种货币政策

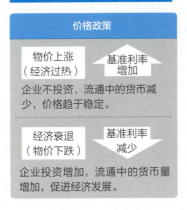

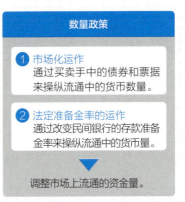

卖出操作

通过在市场上出售债券和票据，回收（减少）社会上流通的货币。

买入操作

通过在市场上购买债券和票据，增加社会上流通的货币数量。

防止信贷不稳定造成的经济动荡的"存款保险管理公司"

为了使宏观经济活动顺利进行，必须维持"存入银行的钱可以随时提取"的信用体系。因为如果个人不能随时从账户中提取存款，就不会再将钱存在银行。

当一家金融机构的管理出现问题时，整个金融体系就会不稳定，出现"**信用不稳定**"问题。这会造成经济动荡，陷入不安的人会要求民间银行退还超额持有的存款，导致银行陷入财务危机。为了防止这种情况的发生，现在已经建立了一些机制，其中之一就是存款保险管理公司。

存款保险管理公司是指因金融机构破产等原因导致存款无法返还时，接管并保证向储户返还存款的机构，对个人而言，最高可保证1000万日元加利息的返还额度（**清偿制度**）。该机构还会向倒闭的银行提供资金援助，或购买不良贷款。

中央银行是现金短缺企业的"最终贷款人"

中央银行还通过检查银行、证券公司等交易伙伴的实际经营情况、各种风险的管理情况、资本充足率和盈利能力等，判

 术语解释

信用不稳定
债务人的还款能力存疑。当延期付款或要求分期付款而错过到期日时，就会发生这种情况。就金融机构而言，这意味着收回存款的能力受到质疑。

清偿制度
如果你存款的银行是存款保险管理公司的成员，那么即使银行倒闭，也能保证你得到在1000万日元以内的存款金额和利息。

断其管理是否健全。

　　如果金融机构资金短缺，又没有其他经济主体可以提供资金，中央银行将向该金融机构提供临时贷款。中央银行的这一作用角色被称为"**最终贷款人**"。

　　自2008年全球金融危机（雷曼兄弟破产事件冲击）以来，各国的中央银行除了发挥原有作用外，还开始实施企业金融支持等政策。

信用不稳定和预防对策

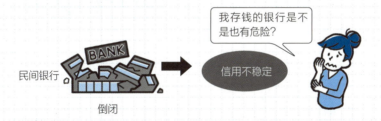

我存钱的银行是不是也有危险？

民间银行

BANK

倒闭

信用不稳定

预防对策 ①	预防对策 ②	预防策略 ③
存款保险管理公司	清偿制度	最终贷款人
如果金融机构破产，存款无法偿还，将代替还款。	为破产的银行担保1000万日元以内的个人存款和利息。	检查银行和证券公司的经营情况，必要时进行融资。

最终贷款人

在没有人愿意借钱给某个机构的最后阶段成为这个机构最后的贷款人。主要是指中央银行对濒临倒闭的金融机构所发挥的功能。

金融政策的3种典型学派立场是什么？

宏观经济的金融政策有以下3种典型学派立场。

· 凯恩斯主义学派——金融政策如果执行得当，会增加社会的有效需求。如果增加货币供给量，还可以增加GDP。所以该学派认为政府应操纵货币供给量，以适当管理总需求。

· 货币主义学派——凯恩斯主义的金融政策在短期内可能是有效的，但从长期来看，它会导致严重的通货膨胀。最好是有一个政策，制定规律，确保货币供给量以恒定的速度增长。该派系的代表人物是美国经济学家米尔顿·弗里德曼（Milton Friedman）。

· 新货币主义学派——自由裁量的金融政策不仅在短期内无效，而且具有破坏性。该学派全盘否定了为应对经济景气型的金融政策，它比货币主义学派更反对凯恩斯主义。

导致学派立场冲突的原因是"货币中性理论"

这些立场矛盾是由对"货币中立"问题的想法差异造成的。当货币供给量增加时，如果物价水平立即进行相应调

 术语解释

米尔顿·弗里德曼
米尔顿·弗里德曼（1912—2006），
他为新自由主义奠定了理论基础，重新评估了自由市场。于1976年获得诺贝尔经济学奖。

整，就不会对消费、投资、GDP等实际宏观经济变量产生影响，这就是"**货币中性**理论"。

　　但是，人们是否能完全预测未来物价的变化（**预期通货膨胀率**）呢？针对这个问题，凯恩斯主义学派认为，"人类对未来物价上涨的预期（预期通货膨胀率的形成）可以预测，但不是很合理，所以货币政策是有效的"。而货币主义学派的观点则完全相反，他们认为"人类根据现有的信息，以最理性的态度预测价格上涨，所以货币供给量应该长期稳定地增加"。这两种认知是完全相反的。

金融政策的3种典型学派立场

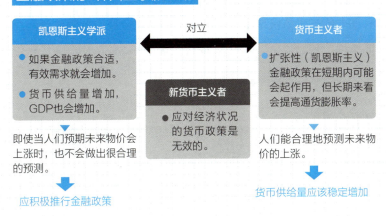

货币中性
货币数量的增减会影响价格，但不会影响实际经济活动的理论。

预期通货膨胀率
预测未来家庭、企业、市场等的价格变化率。

经济与就业之间的关系

[劳动力市场是由企业和工人之间的平衡构成的]

什么时候会出现失业?

如果**货币工资率**上升,劳动力成本将变得更加昂贵,企业对劳动力的需求将减少。相反,如果货币工资率下降,企业对劳动力的需求就会增加,因为生产的利润更高。此外,当商品的价格上涨时,企业生产更多的商品会变得更有利可图,所以企业对**劳动力需求**会扩大。

如下页图所示,如果工人愿意在给定的货币工资率水平下提供尽可能多的劳动,那么劳动供给将是一条贯穿WF的水平线。但是,工人的数量和工作时间是有限制的,一旦越过极限点NF,就不能再提供劳动力。换句话说,无论工资如何上涨,

 术语解释

货币工资率	劳动力需求
用货币支付的劳动报酬称为货币工资(名义工资),货币工资率是指单位时间的货币工资。	企业生产对劳动力的需求(工人数量、工时量等)。

超过极限点后劳动力的供给都不变，因此极限点后的劳动供给曲线会变成垂直的。

　　下图假设劳动者只关心货币工资（工资数额）而不关心物价水平，存在"**货币幻觉**"，将货币工资与考虑物价的实际工资混为一谈。

　　劳动力需求曲线和劳动力供给曲线的实际均衡点是交点E，企业雇佣只会到这一点为止。这个平衡点右边的部分，也就是人们"想工作但没有被企业雇佣"的部分，被称为"非自愿失业"。

劳动力市场的均衡

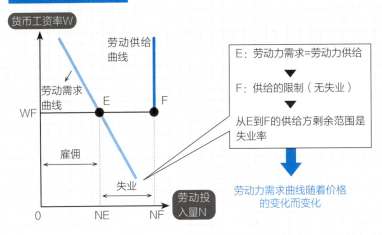

E：劳动力需求=劳动力供给

▼

F：供给的限制（无失业）

从E到F的供给方剩余范围是失业率

劳动力需求曲线随着价格的变化而变化

货币幻觉

当货币的价值发生变化时，同样数量的商品和服务所显示的实际价值也会发生变化，但人们往往以其名义价值而不是实际价值来判断事物。

财政金融政策对总供给曲线和总需求曲线的影响

总供给曲线与总需求曲线的交点是宏观经济模型的均衡点，其决定了"一般物价水平"和GDP。下图的右边的上升线是总供给曲线，右边的下降线是总需求曲线，交点的位置即均衡点E_0，表示均衡GDP和均衡价格P_E，E_0在总需求曲线上，商品市场处于均衡状态，此时企业是最优雇佣状态，但并不是所有想就业的工人都能就业。因此，实现充分就业（充分就业GDP）的点YF在均衡GDP的右边某处。这种充分就业状态与企业最优雇佣状态之间的差异就是"非自愿失业"，会产生失业人员。

如果市场的调节机能起作用，失业会消失吗？

当政府支出和流通中的货币数量因消除非自愿失业的扩张性财政和金融政策而增加时，总需求曲线就会向上移动。在本书第99页的IS-LM模型中，价格始终保持不变（水平），总需求的增加与国内生产总值的增加相对应。然而，当扩张性政策真正实施时，价格和需求的扩张量会使总需求曲线发生移动，如

 术语解释

总供给曲线
当物价上涨时，就业量与产量之间存在正向关系。价格与生产水平之间的关系由总供给曲线表示。

总需求曲线
表现价格上涨与总需求下降之间存在的负向关系的曲线。

下图所示。

　　这种增加的幅度是扩张性财政政策和货币政策的乘数效应。如果价格不变，收入将是E~2~，但由于价格上涨的挤出效应，实际的均衡点将是E~1~，换句话说，财政政策和金融政策的扩张效应因价格上涨而有所降低。

　　凯恩斯经济模型认为有效需求的创造是实现充分就业的重要条件，而新古典派经济学的观点则认为，从长期来看，只要成功调整劳动力市场的货币工资率，就能实现充分就业。

价格和生产（就业）的确定

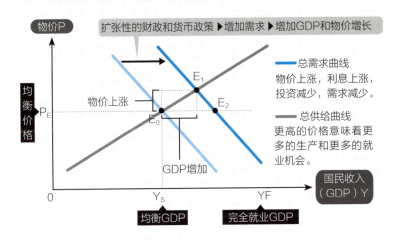

新古典派经济学

在市场上，因为价格的调整是为了让供需匹配，所以如果市场的调节机能发挥得好，就不会出现失业。然而，新古典派经济学也开始在研究失业问题时考虑微观经济学的市场失灵问题。

两种形式的失业："周期性失业"和"结构性失业"

在日本经济高速增长期，失业率只有1%左右，可以说大部分找工作的人都能找到工作，实现了充分就业。但自20世纪70年代以来，日本的失业率不断上升，近年来一直在2%至5%之间波动。

失业率上升的原因之一是日本经济不振，雇佣人数减少，导致失业人数增加。这种在商业周期中经济衰退阶段增加的失业率被称为"周期性失业"。

另一种形式的失业是，当产业结构发生重大变化时，工人为了寻求更高的工资和更好的工作条件而转移工作场所。在这个过程中产生的失业是"结构性失业"。

随着就业的流动性增加，结构性失业率也在增加。此外，即使在经济繁荣时期，当工人的技能没有达到企业要求的水平（找不到工作）时，结构性失业也不会减少，这种失业无法通过宏观经济学的总需求政策来消除。

日本人为什么摆脱不了过劳？

都说日本人工作太忙，虽然不断有人这么说，但是这一问

 术语解释

高速增长期
1954—1970年约16年的时间，日本经济高速发展，出现了包括"神武景气""岩户景气""奥运经济"等经济浪潮。

商业周期
在一定时期内，经济活动总体（繁荣）的波动，又称"商业循环"或"景气循环"。

题仍未得到解决。这是因为其有一定的**经济合理性**，这种合理性是因为企业和工人的利益是一致的。

　　一方面，对于日本企业来说，它们想要避免招聘、解雇、培训的成本。就业中劳动力的固定成本越大，企业就越想要求延长劳动者的工作时间。对于企业来说，如果在经济繁荣时允许员工多加班，那么在经济衰退时就可以通过压缩加班费来压缩劳动力成本，而且也不用裁掉那些在招聘和培训上投入固定成本的员工。

　　另一方面，对于日本劳动者来说，加班费是家庭收入的主要来源之一。如果在经济不景气的时候，加班减少，实际得到的工资就会减少，所以即使在正常情况下，也会有强烈的加班欲望。因此，双方的利益不谋而合。

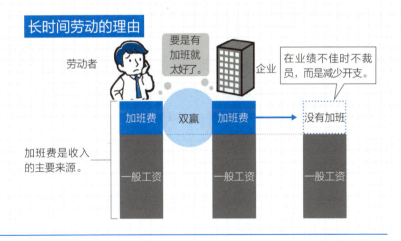

长时间劳动的理由

劳动者　要是有加班就太好了。

企业

在业绩不佳时不裁员，而是减少开支。

加班费　双赢　加班费　→　没有加班

加班费是收入的主要来源。

一般工资　一般工资　一般工资

结构性失业
用人单位所要求的技能、学历、年龄等与失业劳动者不相匹配而导致的失业。

经济合理性
能够预测出投资或付出会有（等价）收益。

通货膨胀和通货紧缩（一）

通货膨胀的供求曲线决定了通货膨胀与GDP之间的平衡点

通货膨胀供给曲线和通货膨胀需求曲线是衡量通货膨胀的标准

物价总水平持续上涨的现象称为通货膨胀，反之，一般物价水平持续下降的现象称为通货紧缩。这是宏观经济中的两种重要表现。

通货膨胀的程度由"通货膨胀率"来表示。通货膨胀率是显示与前一时期相比，物价水平上升的百分比指数，通货膨胀供给曲线和通货膨胀需求曲线是由该指数推导出来的。下页图显示了通货膨胀与企业产出和总需求的关系，通货膨胀供给曲线的来源有3个：菲利普斯曲线、加价原则（Mark up）和奥肯定律。

 术语解释

菲利普斯曲线

当以工资增长率为纵轴和失业率为横轴画出二者关系时，可以看出失业率越高，工资增长率越低（负关系）。

加价原则

当工资增长时，物价水平（价格）也以一定的速度增长的关系。

通货膨胀率与国内生产总值的关系

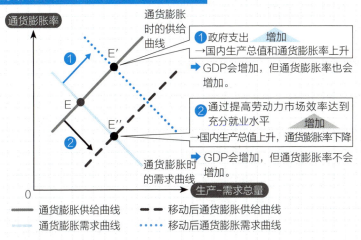

一方面，通货膨胀时的供给曲线表示，随着物价上涨率（通货膨胀率）的提高，产量增加，GDP增加。另一方面，通货膨胀时的需求曲线表示，随着通货膨胀率的上升，需求减少，GDP减少（通货膨胀率越低，GDP越高）。

有两种措施可以使通货膨胀率和GDP达到平衡：增加政府支出和通过放松管制等措施提高充分就业水平。但在政府支出增加的情况下，不仅GDP会上升，物价也会上涨；相反，如果通过提高充分就业水平来提高总产出，比如提高劳动力市场的效率来增加GDP，那么通货膨胀率就不会上升，就会实现理想的收入增长。

奥肯定律

当自然失业率（长期均衡中即使实现充分就业也存在的失业率）与实际失业率之差（失业率缺口）变小时，GDP缺口（充分就业GDP与实际GDP之差）会变小。

通货膨胀预期对经济的影响

当通货膨胀持续上升、物价持续上涨时，民间经济主体预期通货膨胀也将持续，这就是所谓的"通胀预期"。当劳动力市场的通胀预期也很高时，即使名义工资率（工资）上升，如果工资率与物价不相称，而物价继续上涨，人们也会认为工资率实际下降了。另一方面，当人们没有预料到通货膨胀时，仅凭面值数字就判断名义工资率的提高导致实际工资率的提高，这就是所谓的"货币幻觉"。

如果没有货币幻觉，当存在通胀预期时，工人会要求名义工资率有更大的增长，企业也会被允许提高工资。换句话说，如果人们有理性的预期（通胀预期），没有货币幻觉，预期通胀率的大小就会反映在货币工资率的上升上。需要注意的是，如果GDP缺口不发生变化，预期通胀率的上升将形成压力，使实际通胀率以同样的速度上升。

扩张性财政政策和金融政策并不能带来GDP的长期增长

如右图所示，在扩张性金融政策下，如果名义利率不

 术语解释

GDP 缺口
整个经济的总需求和供给能力之间的差异，也就是所谓的"供需缺口"。

名义利率
一般利率，指不随价格变化而波动的固定的货币单位价值。

变，则通胀预期上升，<mark>实际利率</mark>下降，减少通胀预期量的利息
负担，刺激投资，从而增加总需求。通胀需求曲线向右上方移
动，与通胀供给曲线的交点也向右上方E′点移动，GDP增加，
通胀率上升。一段时间后，当人们意识到经济繁荣，通胀预期
上升时，通胀供给曲线向左上方移动，货币工资上升，劳动力
需求下降。因此，就业水平下降到原来的充分就业水平，所以
交点变成E″。那么，GDP的数值就会和E点时一样，就只是增
加了通货膨胀率。换句话说，<mark>扩张性财政政策和金融政策</mark>不
能带来GDP的长期增长。

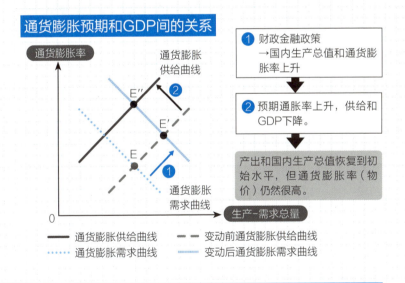

通货膨胀预期和GDP间的关系

①财政金融政策
→国内生产总值和通货膨
　胀率上升

②预期通胀率上升，供给和
　GDP下降。

产出和国内生产总值恢复到初
始水平，但通货膨胀率（物
价）仍然很高。

―― 通货膨胀供给曲线　　― ― 变动前通货膨胀供给曲线
‥‥‥‥ 通货膨胀需求曲线　　▨▨▨▨ 变动后通货膨胀需求曲线

实际利率
又称"实际金率"，是将物价上涨的速
度考虑到名义利率的利率，即从名义
利率中减去物价通胀率后的剩余部分。

扩张性财政和金融政策
扩大政府开支和增加货币供给量的财
政和金融政策。

通货膨胀和通货紧缩（二）

[在经济繁荣的情况下，适度的通货
膨胀是经济增长的理想形式]

良性通货膨胀和恶性通货膨胀的区别

通货膨胀按其成因可大致分为两类：需求拉动型通货膨胀和成本推动型通货膨胀。

需求拉动型通货膨胀是指当生产无法跟上需求量的增长时，出现的通货膨胀。当越来越多的人愿意购买某商品时，即使这个商品价格很高，因为很难得到，也会出现通货膨胀。因为这种通货膨胀通常发生在经济繁荣时，因此当通货膨胀的需求曲线缓慢上移时，不仅推动了商品价格的提高也能提高雇佣数量，这就是"好的通货膨胀"。

 术语解释

劳动生产率

一定生产所获得的产品（附加值）除以投入的劳动量。换言之，就是将每个工人或每小时的产出量化。

恶性通货膨胀

美国经济学家菲利普·卡根（Philip Cagen）将其定义为每月超过50%的通货膨胀率。

　　而成本推动型通货膨胀则是指当工资、原材料、燃料等成本（费用）的增长速度超过劳动生产率的增长速度时发生的通货膨胀。即使在经济衰退期间也会出现这种情况，因为其是由通货膨胀供给曲线上移引起的，而不管需求量如何。通货膨胀率加速上升，尤其是以超过100%的速度狂升时，是恶性通货膨胀的典型表现（滞胀是恶性通货膨胀的一种类型）。

　　严重的通货膨胀或通货紧缩对经济活动的平稳发展都是不好的。稳定物价已经成为一个重要的政策目标，不过在经济繁荣时期，适度的通货膨胀是可取的。

良性通货膨胀和恶性通货膨胀

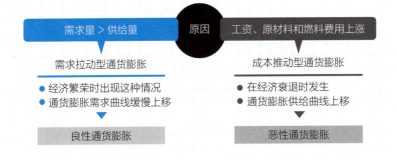

需求量 > 供给量	原因	工资、原材料和燃料费用上涨
需求拉动型通货膨胀		成本推动型通货膨胀
● 经济繁荣时出现这种情况 ● 通货膨胀需求曲线缓慢上移		● 在经济衰退时发生 ● 通货膨胀供给曲线上移
良性通货膨胀		恶性通货膨胀

滞胀

在经济衰退的情况下，通货膨胀率同时上升。滞胀是停滞和通货膨胀的复合词。

泡沫是指没有任何实质内容的地价和股价突然上涨

20世纪80年代末日本的"泡沫经济"，表现为地价和股价的快速上涨。原因是货币宽松政策大大增加了货币供给量，导致投机资金流入股票和房地产，地价和股价飙升。

1988年日本的土地资本收益巨大，约占1988年GDP的45%，同年股票的资本收益也占GDP的53%。

由于如此巨大的资产增加了"投资"，同时刺激了"消费"，经济空前繁荣。因此，泡沫在这一时期起到了支撑经济的作用。

从泡沫经济崩溃到"失去的20年"

然而，投资和消费的快速增长并没有持续多久，20世纪90年代，日本金融紧缩、经济放缓，导致地价、股价大幅下跌，出现了所谓的"泡沫破灭"。

资产价格下跌的"负资产效应"拖累了经济，造成地价、股价下跌的连锁反应。于是，以土地为抵押品放贷的金融机构相继破产。这就增加了信用不稳定性，导致宏观经济活动低迷。

 术语解释

泡沫经济
房地产、股票等资产价格因投机炒作而飙升，超出理论上的上涨速度，与实体经济相差甚远，最终达到极限的经济状态。

负资产效应
与拥有股票或不动产等资产的人以资产的现金价值作为抵押增加支出相反，由于资产价值的降低，支出减少。

　　金融机构相继倒闭，随着坏账处置工作的认真展开，很多企业也连环破产。在这个过程中，政府把大量的税金用在了金融机构上，这也成为一个重大的政治问题。

　　此后，日本经济仍处于大萧条状态，经济衰退持续了20多年，被称为"失去的20年"。

资产的理论价值和实际价值之间的差异就是泡沫

　　这场金融风暴的起因是，以土地抵押的贷款因地价下跌而无法收回成本，变成了不良贷款。

　　随后，2007年美国房地产泡沫破灭，"次贷问题"浮出水面，演变成全球金融危机，"雷曼冲击"也随之发生。

　　当资产的实际价值超过其理论价值而暴涨时，就会产生经济泡沫，但泡沫不是永久的，它总会破灭。

次贷问题

"次级贷款"是美国于2004年前后开始的房地产热潮中为信用度低的消费者（包括低收入群体）提供的高息抵押贷款，后来由于房价停止上涨，办理这些贷款的证券价值暴跌，用户无力偿还贷款。在这一事件中，全球的金融机构和对冲基金因此遭受了巨大的损失。

第25天

经济发展的过程

自1955年以来，迅速发展的日本经济
自泡沫经济破裂后转向低增长

经过高速经济成长后进入钝化时代

第二次世界大战后，日本经济经历了高速增长时期。从1955年到1970年，日本实际国民生产总值持续以每年10%的速度高速增长，这在全球范围内都是非常高的。1968年，日本取代了当时的德国，成为资本主义国家中仅次于美国的第二大经济体。日本经济高速增长是由于民间资本投资和出口的增加。日本的贸易顺差增大，并于1971年改革了360日元兑1美元的"固定汇率"，日元汇率上涨，影响了整个世界经济，这件事以当时的美国总统之名命名为"尼克松震惊"。但是，1973年发生了"石油危机"。日本政府通过实施限制总需求政

 术语解释

固定汇率

1944年，国际复兴开发银行（IBRD）和国际货币基金组织（IMF）成立时，黄金的价格固定为1盎司= 35美元，美元和黄金一直可以交换。因此，一盎司黄金= 360日元= 1美元，汇率就固定了下来。

策来抑制通货膨胀，这些政策包括提高利率、推迟公共工程项目和推迟减税，但结果经济仍旧不景气。

20世纪80年代，作为应对日元坚挺和贸易摩擦的对策，日本增加了对海外的直接投资，使国内工业开始向空洞化发展。之后，在80年代后半期，出现了泡沫经济，股价和地价飞涨。然后90年代时泡沫经济崩溃，日本进入了经济增长缓慢的20年，这就是所谓的"失去的20年"。

此后，由于2008年"**雷曼冲击**"的影响，日本经济继续停滞不前。

第二次世界大战后日本经济发展的过程

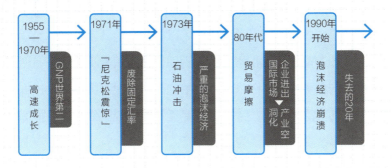

石油危机
1973年和1979年发生的两次原油生产国的原油价格上涨而导致的世界经济衰退和动荡的总称。

雷曼冲击
美国投资银行雷曼兄弟控股公司（Lehman Brothers Holdings）破产导致的一系列全球金融危机。

经济增长率因国家而异

　　各国的长期经济增长率差异很大，有高增长国家和低增长国家，与高增长国家相比，低增长国家往往很难摆脱经济长期低增长的状态。那么，经济增长是由怎样的机制引起的呢？为什么每个国家的增长率会有所不同？能够说明这一原因的模型之一就是"内生增长模型"。

内生增长模型与技术进步

　　从长期来看，投资率会随着家庭储蓄率的上升而上升。经济学的基本思想是，如果资本的边际产量由于投资的增加而减少，那么增长率也会降低。

　　但是，如果实际劳动力供给（以效率单位计量的劳动力供给）增加的量与资本积累相同，则即使资本积累不断进行，资本聚集的程度也不会降低，资本的边际产量也不会下降。这样通过增加实际劳动力投入而不改变工作时间或工作人数，抵消了储蓄多余资本的负面影响。

　　例如，如果工人**技能提升**并且其工作效率比以前提高了两

 术语解释

技能提升
此处是指提高工作能力，也可以直接增加劳动供给能力。

倍，那么就相当于雇佣了两个工人，但企业其实并没有增加成本。在这种情况下，即使劳动供给一定（工人人数不变），效率翻倍也等于工作时间加倍。

在内生增长模型中，**经济增长模式**反映了**人力资本**的增长，例如，通过提升工人技能来提高效率。此外，如果按照这种思维方式来看，"技术进步"就很容易理解了。科技的进步可以让企业在不增加劳动力的同时，使劳动投入量增加，并且有可能提高资本的边际产量。

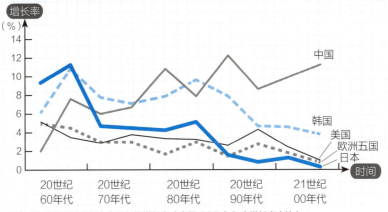

每年的经济增长率

※ 每个年代的经济增长率为两年的增长率（实际 GDP 与年度增长率之比）。
※ 欧盟五国是英国、德国（到 1990 年为止的西德）、法国、意大利、瑞典。
※ 资料来源：世界银行 WDI ONLINE 2012.11.26（西德来自 OECD 资料）、日本内阁等。

经济增长模式

经济增长的模型。内生增长模型强调的是，由于各国之间人力资本和技术的差异，经济增长率也有所不同。

人力资本

知识和技能等个人能力的经济概念。

公共投资对经济增长的两个影响

政府的公共投资和税率对经济增长有积极影响和消极影响两方面。

积极的影响是，公共资本的扩大提高了民间资本的边际产量，并提高了经济增长率。公共投资的增加具有刺激**民间投资**在生产方面获利的作用，可以说公共投资越多，促进的经济增长就越多。

但是为了增加公共投资，必须提高税率，这种税收负担直接降低了**资本回报率**。这是因为，当税收负担增加时，家庭从储蓄中的获利减少，因为储蓄的回报率下降，从而抑制了储蓄。

在政府规模较小的情况下，公共投资的扩大主要具有积极作用并有助于经济增长。但是，随着资本的边际产量逐渐减少，政府的公共投资规模越大，消极影响越大。

公共投资对经济增长产生负面影响

直到20世纪80年代，日本在发达国家中都是公共投资所占比例高的，并且长期增长率也高。相比而言，美国的公共投

 术语解释

民间投资
相对于政府进行的公共投资而言的民间的投资行为。

资本回报率
资本的边际产量，衡量资本投资和管理效率的指数。

资的比例小，增长率也低。但是，公共投资只有在社会能够充分受益时才有效，而自20世纪90年代以来，许多实证分析已经明确了日本的增长率与公共投资之间已经没有了正相关的关系。相反，不仅是公共投资，包括<u>政府消费</u>在内的投资规模与增长率之间的关系都呈负相关。这意味着公共投资将在一定程度上为经济增长做出积极的贡献，但超过这一界限，就将起到负面作用。

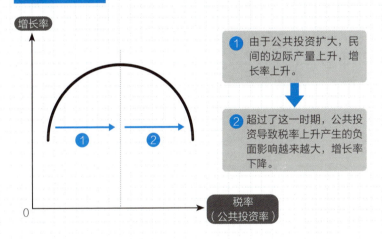

税率和增长率

增长率

① 由于公共投资扩大，民间的边际产量上升，增长率上升。

② 超过了这一时期，公共投资导致税率上升产生的负面影响越来越大，增长率下降。

税率
（公共投资率）

0

政府消费
政府对消费品的支付和对公务员的工资支付。

了解国际经济（一）

> 像日本这样资源贫瘠的国家，
> 贸易能为其带来很大利益

贸易可以达到扩大社会利益的效果

如今，我们的生活与贸易密不可分。如果停止进口某种食品，就会有人在吃饭问题上陷入困境；如果停止出口，工业制品的**出口产业**将遭受重创，导致大量失业。像日本这样的**食物自给率**低、自然资源匮乏的国家，贸易对经济发展至关重要。

贸易具有扩大社会利益的作用，其被称为"贸易的利益"。下页图显示了贸易的供求关系如何变化。

封闭经济的需求曲线和供给曲线之间的平衡点是交点E。在这种情况下，在三角形a的范围内，消费者利润等于消费者剩余，而在b + c三角形内；生产者利润等于利润。包括消费者

 术语解释

出口产业
这种产业重要收入源为向海外出口商品获得的收益。

食物自给率
该数值显示了国内消费的食品中有多少是国产。该值越低说明其越依赖进口食品。

和生产者在内的社会利益是消费者剩余和生产者剩余之和。

当进口较便宜的商品时，平衡点（价格）移动到点A。消费者剩余增加到了b + d，因为需求曲线与均衡价格的交点向右下方移动。在消费者受益的同时，生产者与廉价的外国产品竞争，获利仅为c。

由于社会剩余是两者剩余之和，因此与封闭经济相比，利润将增加d的范围，这就是贸易的利润。

贸易的利益（新的社会剩余）

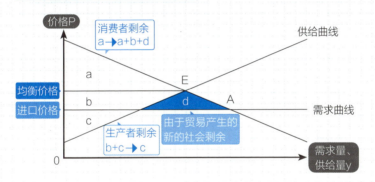

社会剩余
剩余（利润）是消费者剩余（消费者利润）和生产者剩余（企业利润）的总和。

封闭经济
没有与外国进行金融或贸易交易的经济体。

李嘉图倡导的"比较优势原理"

贸易经济理论最基本的思想是英国经济学家李嘉图提倡的"比较优势理论"。这意味着，通过贸易，每个国家或企业专注其相对擅长的领域，可以为整个社会获得最大的利润。

专注于擅长的领域并互相受益

右图是日本和美国的汽车和牛肉等商品的生产案例。假设美国生产汽车和牛肉的效率比日本高，那么美国在这两种商品上都具有绝对优势。

另一方面，以美国减少生产一单位汽车可以多生产多少牛肉这种相对生产率为例，美国可以生产比日本更多的牛肉；反之，假设当日本减少生产一单位牛肉时，可以比美国生产出更多的汽车。这时就可以说，美国在牛肉生产上具有比较优势，而日本在汽车生产上具有比较优势。

专门生产具有比较优势的商品可以最大限度地提高利润，所以如果美国专门生产牛肉并将其出口到日本，然后从日本进口汽车，而不是自己生产汽车，就交换比率而言收益会上

 术语解释

李嘉图	绝对优势
1772—1823，英国古典经济学学者。他提出用户自由贸易并将其理论化。	具有超越其他国家的优势。亚当·斯密提出的这一概念，指的是某一国家比其他国家更有效地生产商品。

升。另一方面，日本则可以专门从事汽车生产和出口，而进口牛肉则可以使其利润最大化。这样，专门生产具有比较优势的商品并进行贸易交换将使双方利益最大化。

在以这种在两个国家之间进行贸易的开放经济中，通过专门生产具有比较优势的商品，这两个国家都可能比封闭经济时获得更大的利润。

比较优势的理论

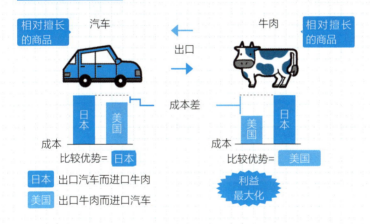

相对擅长的商品　汽车　　出口　←→　牛肉　相对擅长的商品

成本差

成本　比较优势＝日本
成本　比较优势＝美国

日本 出口汽车而进口牛肉
美国 出口牛肉而进口汽车

利益最大化

开放经济
和国外进行金融、贸易的经济形式。

了解国际经济（二）

汇率影响贸易差并带来利弊

在两种汇率制度中，日本是浮动汇率制度

在与国外进行的交易中，以本国货币定价的产品被伙伴国用他们的货币购买（出口），而以伙伴国货币定价的产品被本国用自己的货币购买（进口）。这时就需要"汇率"制度来协调两个国家的贸易活动，它分为汇率固定的"固定汇率制度"和根据外币汇率波动的"**浮动汇率制度**"两种，日本实行浮动汇率制度。

通过贸易进行的商品、服务交易，会影响本国商品市场的均衡。包括贸易交易的商品市场均衡公式：

$$Y = 消费C（Y）+ 投资I + 政府支出G + 净出口X$$

 术语解释

浮动汇率制度
根据外汇市场中外币的供求关系自由确定汇率。

净出口
出口与进口的贸易差。净出口变为负数是在国内经济活跃时期，并且随着产量的增加，原材料的采购（进口）也会增加。

　　投资和政府支出处于一定水平，净出口额将提高GDP水平。出口与自己国家的GDP无关，进口则随GDP的增加而增加。如下图所示，净出口随着GDP的增加而减少。此外，当日元升值时，出口将减少，进口将增加。

　　政府支出G的乘数只受边际进口倾向影响，与趋于封闭的经济情况相比，乘数要小。这是因为，即使国内有效需求扩大，一部分资金仍将用于进口需求。因为即使国内总需求增加，也并非全部能成为内需，只是进口需求将受到抑制。

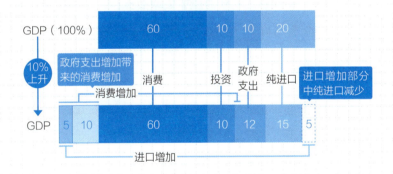

政府支出增加的乘数效应和进口的相杀效应

边际进口倾向	进口需求
该值指相对于国内生产总值的变化，进口量将增加多少。	进口获得的商品和服务需求。

日元升值给日本国民经济带来许多好处

"日元升值"和"日元贬值"的意思是指，在汇率为1美元能兑换100日元的情况下，如果1美元能兑换110日元时，日元贬值。而能达到1美元兑90日元时，日元升值，这种价值的变化。

日元升值最大的优点是可以使日本廉价地购买进口的商品和服务。这对于使用进口产品进行生产的企业而言，生产成本能够降低；如果日元升值，即使原油价格上涨，通货膨胀率也不会上升。此外，日元可以高汇率兑换成外币，从而使日本人出国旅行和购物更加便宜；同时，它使得人们购买海外资产更加容易。从整个国民经济来看，可以通过这种方式获得各种好处。但是，对于大米等在通商中受政府保护的商品和服务而言，国内外价格差将变大，进口保护机制将变得更加脆弱。

日元贬值能对日本就业产生积极影响

但另一方面，企业的出口会受到日元升值的严重影响。因为即使日元升值，也无法轻易提高外币的价格，因此企业也将减少日元升值部分同等的收入。

 术语解释

通商
与外国进行业务交流或贸易。

进口保护机制
为了防止国内产业受到进口冲击，对进口商品征收高关税，让国内产业具有优势。

此外，当日元升值时，日本企业在其他国家使用相同的资源进行生产要比在日本使用相同的资源进行生产更为经济。因为工人和土地无法转移到国外，所以随着日元的升值，更多的公司会将其**生产基地**转移到海外。

相反，当日元贬值时，出口行业的优势是日元的收入增加，促使企业的生产基地转回日本。但另一方面，它存在着诸如进口商品过多和昂贵的海外旅行等缺点。

在就业方面，日元升值会导致日本企业的生产基地迁往海外，这对就业率有负面影响，而日元贬值则能对就业产生积极影响。这样来看，日元升值和日元贬值的优缺点如同一枚硬币的两面。

日元升值、日元贬值的优缺点

	优点	缺点	
日元升值	• 进口商品的成本下降	• 出口商品用日元交易的利益 减 • 生产基地转移到海外	▶ 对日本国内就业产生负面影响
日元贬值	• 进口商品用日元交易利益增加 增 • 生产基地回归国内	• 出口商品的成本上升	▶ 对日本国内就业产生正面影响

生产基地
聚集了工厂等生产设备的地方。

区域经济联盟发挥重要作用

世界经济中的政策调整和市场一体化运作不仅与联合国、WTO（世界贸易组织）、IMF（国际货币基金组织）和世界银行等全球机构有关，而且还与欧盟、东盟等国家间区域经济联盟有着密切关系。其中，国家和地区在参与全球政策协调以及经济和体制整合之前，会先参加区域联盟的原因有很多。其中比较重要的原因是，在当前企业和个人可以自由活动的情况下，有紧密经济联系的国家和地区之间的关税和法规等壁垒将阻碍经济活动。通过在诸如CPTPP（区域经济协定）之类的安排下建立自由的经济和贸易体系，可以激活该区域国家和地区的经济活动，并有望实现市场发展和创造就业机会。

货币联盟的优缺点

在像欧盟这样的货币联盟的情况下，参与国有可能通过稳定的资本和金融交易来稳定通货膨胀并实现政治联盟。随着欧元的推出，欧洲的很多国家不仅在本国而且可以在更广阔地区

 术语解释

欧盟

European Union，欧洲联盟，简称欧盟。以法国和德国为中心的欧洲共同体，在经济领域具有超国家特色。它统一了参与国的经济政策控制和货币（欧元）。

东盟

Association of Southeast Asian Nation，东南亚国家联盟，简称东盟。东南亚国家参加的区域合作组织，其总部位于印度尼西亚的雅加达。

进行宏观经济活动，经济活动变得更加活跃。

但是，货币联盟也存在一定的弊端。在联盟区域内，由于汇率是固定的，其中一个国家的经济波动就会更容易扩散到另一个国家。2009年的希腊债务危机就是一个典型案例。当时，希腊严重的金融危机和衰退冲击了整个欧盟，导致"欧元疲软"。在那个时候，如果希腊拥有自己的货币，那么它可以通过调整汇率来做出回应，例如，贬值本国货币，但由于它是统一货币所以无法利用改变汇率这一措施挽救危机。这就是货币联盟的缺点之一。

亚洲主要区域经济联盟和经济协定成员

东盟及其他

柬埔寨、老挝、缅甸、印度尼西亚、菲律宾、泰国、越南、新加坡、马来西亚、文莱

东盟+3（日本、中国、韩国）

东盟+6（ASEAN+3+印度、澳大利亚、新西兰）

东亚峰会[ASEAN+8（ASEAN+6+俄罗斯+美国）]

APEC
（亚太经合组织）

泰国、越南、新加坡、马来西亚、文莱、印度尼西亚、菲律宾、日本、中国、韩国、澳大利亚、新西兰、俄罗斯、美国、加拿大、墨西哥、秘鲁、智利、巴布亚新几内亚、中国香港、中国台北

CPTPP

越南、新加坡、马来西亚、文莱、日本+澳大利亚、新西兰、美国（已退出）、加拿大、墨西哥、秘鲁、智利

CPTPP

Comprehensive and Progress Agreement for Trans-Pacific Partership，全面与进步跨太平洋伙伴关系协定。日本、加拿大和澳大利亚等11个国家之间的全面经济伙伴关系协议。

区域经济协定

在多个国家和地区间已经达成的贸易优惠政策，例如，降低具有经济联系的国家和地区的关税率或取消关税，意味着地理上相互靠近的国家和地区之间存在强烈的联合趋势。

经济政策是什么？

各种经济现象都与政治活动相关

由于各种原因导致的政策延迟

从出现问题到实施相应的经济政策，需要花费大量时间。而政策延迟主要的原因主要有以下3类。

• **认知**延迟：从某种经济状况发生到政府决策者确认问题发生之间是有时间差的。即使经济恶化，也需要一些时间其才能反映在GDP等指标中并得到确认。

• 执行延迟：即使确定必须执行政策，也需要进行各种调整，例如，政府内部的协调、开会表决，以及与相关组织进行磋商，这都需要时间来做各种各样的调整。

 术语解释

认知	规范
感知到问题，并判断和解释其是什么。	对经济主体的活动施加的法规和惯例。

3. 效果延迟：实施经济政策后，预期效果出现需要一定时间。

这样就很难准确地预测政策的时间差。因此，政府最好将财政金融政策作为一定的**规范**，而不是根据情况**裁量**如何改变经济政策，这就是"自由裁量权"的问题。

从凯恩斯主义的角度来看，政府要根据判断经济形势来强调政治干预。与此不同的是，新古典派经济学认为"政府的积极干预会破坏市场并产生负面影响"。

新古典派经济学也提出了"**动态不一致**的问题"。这个问题在于，由于不清楚之后的经济变化，即使在某一时刻的最优经济政策也不可能一直是最优的。

动态不一致的问题

凯恩斯经济学	新古典派经济学
重视裁量	重视规范
对应经济变化	无法对应细微变化
▼	▼
根据状况选择政策的方法可能会失信于民间。	即使状况改变也要遵从一开始制定的规范，这样可以取信于民。

裁量
不受法规或习俗约束，当场判断或做出决定。

动态不一致
诺贝尔经济学奖获得者，挪威经济学家芬恩·基德兰德（Finn E. Kydland，1943—）提出的概念。

选举前经济改善的"政治的商业周期"是什么？

在资本主义国家，经济与选举紧密联系在一起，以至于政治原因常常会影响经济。管理国家政务的政治家们因为想要继续管权，就必须赢得选举，并为了继续控制政治做出政策决定。因此，在大选前，政治家一般会实施见效快的经济政策来让经济景气、降低失业率、GDP增长，以吸引民众的支持，使自己最终在选举中获胜。

但是大选后，如果只实施缓和政策可能会因金融缓和产生的泡沫经济导致财政崩溃，因此大选获胜的政治家通常将收紧经济政策以减少预算赤字，并提高利率。然而这将会导致经济衰退，不过当选举再次来临时，他们又会采取经济刺激政策。

大选前经济提升，大选后经济衰退的现象被称为"政治景气周期"。

政权更迭也会使经济景气循环

资本主义国家的政权更迭也是导致经济景气循环的因素之一。当政府计划成为"大政府"时，其扩张的财政金融政策将

 术语解释

经济刺激政策
旨在激活民间经济活动的金融和财政政策。

大政府
将积极干预经济活动的政府，例如，改善社会资本、稳定人们的生活，以及努力纠正收入差距等。

促进经济发展。但是，当公共财政恶化，且政府计划成为"<u>小政府</u>"时，由于采取紧缩财政金融政策，经济将停止提升并走向衰退。这样，不同的政府目标的改变更选，会导致商业经济景气循环。

在资本主义国家，政权更选可能性越小的国家，发行的国债的数量就越少。相反地，政权更选较频繁的国家，执政党针对选举采取的短期政策越多，财政整顿等<u>中长期政策</u>越少，财政赤字积累的可能性就越大。

经济的景气循环论

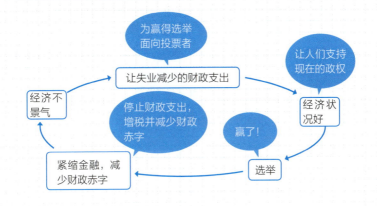

小政府

将政府经济政策和对市场干预最小化，通过自由竞争促进经济增长的政府想法。通过放宽管制等手段激发民间活力来实现发展。

中长期政策

不是立竿见影的短期经济金融政策，而是着眼于将来的政策。

如果经济主体缺乏对政府的信任，那么政策的作用是有限的

为了使宏观经济政策有效地发挥作用，民间经济主体需要**信任**政府。

如果民间经济主体不信任政府，即使政府为了提升经济，实施扩张性的财政金融政策，也不会刺激家庭消费和企业投资。

即使政府实施减税政策，如果民间经济主体认为减税是"临时性的，将来还会加税"，那么他们也不会积极地投资，国家经济也不会受到太大的刺激，因此减税措施效果也是有限的。

为了使人们相信"减税是一项永久性政策"，政府必须减少不必要的支出，并展示出其即使进行减税，将来也可以**维持国政**的想法。

宏观经济有效性如何激发民间需求

为了使宏观经济政策更有效，中央政府不仅应执行财政金融政策，而且还必须**引导**民间经济活动。

经济政策的主要目的是刺激民间需求，例如，家庭消费和

 术语解释

信任
经济主体相信政府政策能够持续下去。

维持国政
一国的经济持续稳定而不崩溃。

企业投资等，但即使政府扩大了公共事业投入，也会产生抑制民间投资和消费挤出效应，经济措施的影响也就会被抵消。

　　政府的财政来源是税收，并非取之不尽，因此有效引导民间需求很重要。如果市场不信任短期财政金融政策，那么即使政府实施了也不会产生预期的效果。

　　因此，对政府的信任是一个重要因素。政府需要制定并实施基于民间经济主体从中长期而不是从**短期视点**做出合理决策的前提下的可信赖的政策。

对政府的信任感和效果

引导

由于政府政策和支出而引起民间经济主体积极的经济活动。

短期视点

凯恩斯经济学强调的当前经济环境的观点。

消费税上调在经济上是正确的

日本的消费税在2019年提高到10％。而日本的消费税在1989年推出时只有3％，1997年增加到5％，2014年增加到8％，2019年10月达到了当前税率。日本国民对消费税上调是非常抵触的，然而从经济角度来看，这种增税却是正确的。

尽管前首相安倍晋三延后了提高消费税的时间，但他最终决定提高消费税，原因是日本拥有（并且将继续增加）庞大的国债以及未来社会保障需求的增加。日本的公共财政状况恶化到了无法仅靠削减支出来管理未来的国家事务的程度，因此提高消费税对于日本的持续发展和实现财政巩固至关重要。

提高消费税的优点首先是可以保证稳定的税收；其次，预计将产生宏观储蓄刺激作用，即使日本正面临老龄社会，储蓄

赤字
大国

日本有这么大
财政赤字真的
没事吗？

率有下降趋势，这对于实现小幅增长是可取的；再者，与所得税相比，消费税不太可能发生避税。另外，由于消费是比收入更稳定的税基，因此从长远角度来看，税收给家庭带来的负担是有好处的。

也有人对作为间接税的消费税进行批评，认为政府应该加强累进所得税再分配功能。换句话说，实行这种不论收入按比例征收消费税的做法对日本国民是不公平的，而应该实行对高收入者来说负担更大的累进税。但是，即使增加了消费税，政府也可以通过给予低收入者的福利来达到一定的再分配效果。

在批评消费税提高的呼声中，有一些观点捍卫了老年人的既得利益，但是从公平角度来看，这不是一个有效的理论。这是因为许多老年人都很有钱。此外，由于应税收入类别包括农

到2025年日本团块一代人*就会高龄化。

在那之前提高比较好吧。

业和自营业等收入较低的人，因此很难判断应税收入是否在经济上处于不利地位。不考虑这些因素而说"适合所有年龄段的统一税收优惠政策"是否正确？在这种情况下，政府应该在提高消费税的同时，为真正有经济困难的弱势群体谋取利益，以确保社会公平。

考虑到日本严峻的财务状况，长期平衡税收和政府支出并减少财政赤字的唯一方法是增加税收。未来，日本可能会像其他发达国家一样将消费税提高到20%甚至更多。

但是，由于所得税还具有收入再分配的功能，因此不希望仅对消费税提高。此外，如果大幅减少富人养老金和无效公共

---

* 即团块世代，指日本 20 世纪 60 年代中期推动经济腾飞的主力，他们是日本经济的脊梁。
  ——译者注

将来是否可
以减少过多
的负担

在为时已晚
前动手

为了将来健全
的财政政策

投资等政府支出，并扩大所得税的税基，则消费税可能保持在10%的范围内。为此，政府有必要从政府支出和收入两方面，以既得利益为基础，进行大刀阔斧的结构改革。

经济与环境问题

> 目前，保护地球环境是宏观
> 经济学重要的课题之一

南北环境保护问题背后的"搭便车"机制

如今，对全球环境的保护也成为宏观经济学的一个重要问题。全球环境问题是每个国家如何努力改善作为"**国际公共物品**"的环境的问题。

对于全球环境保护，已经实现了经济发展的**发达国家**和将要实现经济发展的发展中国家的热情有所不同。总体而言，发达国家对环境问题非常关心，并积极在全球范围内采取保护环境的措施。而发展中国家优先重点考虑的是其经济发展和减轻贫困等问题，对环境保护没有那么积极。这就是关于环境保护的南北问题。发展中国家认为，发达国家以牺牲环境为代价来

 术语解释

国际公共物品

惠及世界的公共物品。例如，地球大气等全球环境。

发达国家

一种根据经济发展水平划分世界各国的方法，它指的是已经实现经济发展的国家。相反，没有实现足够的经济发展的国家被称为"发展中国家"。

发展经济，而让发展中国家来承担环境保护的负担是不公平的。

　　在承担此负担的这种利益冲突中出现了"在环境问题上搭便车"的问题。"搭便车"是指当政府试图以最佳方式提供公共物品时，本国民众可以无负担地获得收益，各国在环境问题上的态度也反映了这一点。由于环境是一种国际公共物品，因此**排除不可能性**，不承担全球环境保护负担的发展中国家也可以共享一些好处，因此搭便车机制起了作用。为防止这种情况，根据应对全球变暖的国际性的《**巴黎协定**》提出，促进发达国家在减缓（减少排放）和适应（预防和减少不利影响）

排除不可能性

公共物品的特征之一，无须支付金钱就可以消费它们。

《巴黎协定》

2015年在巴黎举行的《联合国气候变化框架公约》缔约方会议（COP）上签署的一项关于全球合作应对全球变暖对策的承诺。

方面向相关发展中国家提供财政支持，建议发展中国家做出努力。

抑制环境污染，征收大额的环境税

作为一种保护环境的措施，环境税可以遏制外部不经济性，并还可以为政府增加一项数额巨大的新税收。

这是一种对能源消耗征税的庇古税（环境税）。其中之一，旨在减少二氧化碳排放的碳税从1990年左右开始就已经在欧洲实行。由于税基非常广泛，因此税收十分可观，同时又能抑制环境污染。由于这两个优点（确保税收收入和抑制环境污染），环境税也被称为"双重利益"。

不过，环境税也有一定的缺点，它可能对与环境污染无关的公司的经济活动产生负面影响。但是，鉴于政府需要确保税收，并要估计公众对环境问题的看法，环境税可能是一个可行的选择。

国家会因征收环境税而蒙受损失吗？"囚徒困境"状态

征收环境税是一项在国际上具有重大影响的政策，因此，

 术语解释

碳税
根据使用化石燃料产生的二氧化碳量
征收的燃料税。

这可能会导致国际利益冲突。

如果日本实行环境税来抑制能源消耗，那么不仅是日本，<u>东亚</u>国家都将从中受益。相反，如果它忽视其环境措施，各个国家也都将承担环境恶化的代价（外部不经济性）。

换句话说，如果仅个别国家采取措施抑制能源消耗，相邻的其他国家可能会忽视环保措施，各个国家都将蒙受损失。

如果每个国家都只追求自己的利益，那么认真采取环境保护措施的国家将因此遭受损失，这样最终就没有国家会采取环境保护措施了，这可以说是博弈论的"囚徒困境"状态。

庇古税的双重利益

▶　庇古税　＝　对环境的外部不经济性进行征税

第一重利益

征税对象广泛，可以提高税收。

第二重利益

企业因不想被征税，所以避免产生外部不经济性，从而达到保护环境的目的。

但是

其他国家环境污染

外部不经济性

自己国家也会遭受环境恶化从而导致外部不经济性

东亚
欧亚大陆亚洲地区的一部分。其包括
日本、中国、韩国、越南等。

资源循环利用是解决环境问题的有效方法

解决环境问题的一种方法是使资源循环利用。

如果将用过一次的物品作为垃圾丢弃，那么久而久之就会超过垃圾处理场的处理能力，导致垃圾堆积，环境污染将会恶化。为了防止这种情况发生，可以将已变成垃圾的物品回收重新使用并再次消费。

目前有各种各样的垃圾回收方法，例如，在日本，旧纸被积极回收，这对于环境保护做出了贡献。

最重要的是扩大对资源回收制品的需求

但是，资源回收存在许多问题。例如，日本采取回收旧纸的措施，许多地方政府大力推广旧纸回收，旧纸的供给量由此增加，导致旧纸市场供给过剩，旧纸价格低迷。因为无利可赚，很多回收者拒绝收旧纸。

因此，为了使旧纸的回收利用步入正轨，仅关注旧纸的回收是不够的，重要的是要增加旧纸的需求。如果其他国家对旧纸的需求增加，则旧纸回收的可能性就更大。

 术语解释

资源循环利用
将使用过的物品再次使用。

旧纸
曾经使用过的纸张。主要是指被回收再利用的报纸、杂志、纸壳箱等。

这样，为了使旧纸的需求曲线向上移动而不使其供给曲线向下移动，政府应在必要时提供政策援助。

押金返还机制

利用"**押金**"也是一种强大的回收方法。该方法通过在产品价格上增加一定数量的押金（定金）并出售，然后在使用后退还商品或容器时退还押金来促进商品或容器的回收，被称为"押金返还机制"。

该机制可以通过退还押金为废物定价，使废旧商品和容器的收集率提高，促进资源的循环利用，并且缓解垃圾处理的压力。这种押金返还机制对于回收罐头盒、家用电器、汽车等是有效的。

押金

预先给出在满足某些条件时退还钱款
的机制。

经济学的诸多问题

[经济人、企业要对社会做出贡献并承担相应的责任]

发生灾害时引起关注的志愿活动

正如要求日本作为发达国家在国际社会中承担责任并做出贡献和提供援助一样，在个人层面上也需要考虑到与他人**共存**的志愿者活动和企业**社会责任**。

最近，在日本**阪神淡路大地震**和东日本大地震时，志愿者的救援活动比地方政府的救济活动更为有效，因此志愿活动引起了人们的关注。

志愿活动是免费的，不需要对等报酬。不过，尽管志愿者活动是免费的，它也不一定与经济主体的理性行为相矛盾。

 术语解释

共存
存在相互关系，共同生活在一起。

社会责任
基于组织或个人应在社会中采取的被期待的行动，以及在该责任下采取的行动。

社会责任

经济人、企业　通过经济活动获得利益的经济主体

互相帮助让利益最大化

社会要求的角色=志愿者活动等利他行为

　　在人类与他人进行的经济活动中，只追求短期利益是无法长期顺利进行经济活动的。为了使长期利润和长期效用（经济上的满意度）最大化，无偿的志愿者活动也具有一定的经济合理性。

志愿者活动也是一种风险共享

　　志愿者活动的另一种原因是"风险分担"的保险因素。在某地发生灾难时，志愿向其提供援助，同时他们也会希望如果自己也遇到灾难时，其他人也会提供志愿服务。

　　换句话说，人们通过相互帮助，可以将遭受的**预期损失**降到最低。

阪神淡路大地震

1995年日本发生的地震灾难，又称神户大地震，震中在日本兵库县南部。在现代城市遭到的灾害中，它的排位仅次于东日本大地震。

预期损失

预计在一段时间内平均发生的损失额。

NPO组织的首要目标是为社会做贡献

NPO是一个长期从事志愿活动的志愿组织。NPO是非营利组织，主要目标不是追求利润，而是为社会做出贡献，并且它可以系统地利用比普通志愿者更专业的人力资源来开展更专业的志愿活动。随着NPO的成长，NPO的行为和组织结构与普通公司已逐渐相同。但它与公司的最大区别是，即使NPO获利，获得的利益也将全部作为未来活动的资金，并不会分配给成员。

NPO旨在为社会做出贡献，如果其不活跃，则需要某种政策支持。在日本，随着法律的发展，个人根据民法典获得法人资格十分简单，且NPO可以顺利维持其组织。另外，NPO在是否允许税收优惠作为财政援助方面也存在两方面的问题。

一方面，如果允许其税收优惠，这会减少政府应获得的税收，并减少相应的公共支出。结果就是政府对非营利组织的支持越多，其用于公共支出的财政资源就越少。另一方面，利用税收优惠措施，非营利组织可以将其用作**节税措施**。

 术语解释

NPO

Nonprofit Organization，非营利组织。不以营利为目的的市民活动。

节税措施

在法律范围内采取的减少纳税金的措施。

NPO和公益法人

废除了由政府主管机构设立的"公益法人"

　　公益法人是日本的一个与NPO类似的公益组织。它的成立有3个要求：开展与公共利益有关的业务；不以营利为目的；获得政府主管机构的许可。但是，根据日本于2008年生效的"与公益法人制度改革有关的3部法律"，产生了以下结果：废除了政府主管机构的设立许可制度；建立适用于21世纪日本社会经济的高度透明的新制度；建立一个判断是否存在公益的机制；顺利实施行新制度，等等，并向"民间负担公共事业"的方向进行彻底改革。

* 政令市，即政令指定式，日本市制的一种，简称政令市，类似于我国的计划单列市，享有较高的自由权；日本的政令市，有的可享有都、道、府、县的一些权力。较大的市，人口较多，经济发达的市，才可成为政令市。——译者注

与公益法人制度改革有关的 3 部法律
一般社团法人和一般财团法人法，公益社团法人及公益财团法人认定法，以及伴随着前两项法律的实施而制定的相关法律，皆于2008年12月生效。

结构改革和放松管制对于提高效率至关重要

在经济学中，如何平衡效率与公平是非常重要的。从效率角度来看，结构改革和放松管制非常重要。

日本经济以自由竞争的市场经济为前提。个人的**自主努力**和承担自我责任是理所当然的事，但是如果市场机制无法发挥作用时，则需要政府参与，但政府必须致力于协调和互补。

日本经济不可能再像高速增长时期那样继续增长，政府也很难像以前那样进行定量监管。从现在开始，我们别无选择，只能将重心转移到放松管制上，从行政指导转移到制定透明规律。在经济和财政金融领域，中央政府不应完全控制，而应允许地方和民间部门自行裁定，并改变形式以适应其特点。

由放松管制浮出水面的弊端

目前，日本政府在金融、保险、运输、交通、土地、住房等领域都在进行放松管制和监管改革。放松管制可以刺激新的投资需求，从长远来看，提高生产率可以扩大供给并刺激经济增长。

 术语解释

自主努力	既得利益
不依靠他人，自己努力克服困难。	通过历史获得的权利，维持并从中获得的利益。

然而，尽管放松管制已被多次提议，但它没有取得很大进展，其原因是，许多国民从规定的既得利益中获得了一些好处。放松管制将在短期内使代价表面化，导致失业率上升等问题，因此政府要向处于不利地位的人提供救济。

促进放松管制的关键是建立安全网

促进市场化和放松管制的重点是建立安全网，其意义之一是应该事先实现机会平等化。如果经济主义进行经济活动的机会不平等，则由市场机制实现的收入分配就不太公平。

另一个意义是事后救济。即使参与机会是平等的，由于运气或其他原因，在事后必然会出现经济差距，为此政府需要实施一定程度的重新分配政策。但是，极端的再分配政策会导致道德风险的出现，并对社会造成负面影响，因此再分配政策是在照顾"时运不济"的人，而非不努力的人。

安全网

是一种社会保障机制，以"像网一样布置的救济措施"为整个社会提供安全保障。

道德风险

伦理或道德上不足的状态。

Reference
参考文献

『消費増税は、なぜ経済学的に正しいのか──"世代間格差拡大"の財政的研究』井堀 利宏（著）／ダイヤモンド社

『誰から取り、誰に与えるか』井堀 利宏（著）／東洋経済新報社

『財政赤字の正しい考え方─政府の借金はなぜ問題なのか』井堀 利宏（著）／東洋経済新報社

『マクロ経済学 図解雑学』井堀 利宏（著）／ナツメ社

『コンパクト経済学（コンパクト経済学ライブラリ）』井堀 利宏（著）／新世社

『入門経済学』井堀 利宏（著）／新世社

『（図解）大学4年間の経済学が10時間でざっと学べる』井堀 利宏（著）／KADOKAWA

『大学4年間の経済学が10時間でざっと学べる』井堀 利宏（著）／KADOKAWA

『大学4年間の経済学がマンガでざっと学べる』井堀 利宏、カツヤマ ケイコ（著）／KADOKAWA

Original Japanese title: 30 NICHI DE MANABU KEIZAIGAKU TECHOU
Copyright © Toshihiro Ihori 2020
Original Japanese edition published by JMA Management Center Inc.
Simplified Chinese translation rights arranged with JMA Management Center Inc.
through The English Agency (Japan) Ltd. and Shanghai To-Asia Culture Co., Ltd.

北京市版权局著作权合同登记 图字：01-2021-4181。

图书在版编目（CIP）数据

30 天学习经济学 /（日）井堀利宏著；于蓉蓉译 . —北京：中国
科学技术出版社，2021.9
ISBN 978-7-5046-9131-6

Ⅰ . ① 3… Ⅱ . ①井… ②于… Ⅲ . ①经济学－通俗读物
Ⅳ . ① F0-49

中国版本图书馆 CIP 数据核字（2021）第 161277 号

策划编辑	杜凡如　龙凤鸣	**责任编辑**	杜凡如
封面设计	马筱琨	**版式设计**	锋尚设计
责任校对	焦　宁	**责任印制**	李晓霖

出　　版	中国科学技术出版社
发　　行	中国科学技术出版社有限公司发行部
地　　址	北京市海淀区中关村南大街 16 号
邮　　编	100081
发行电话	010-62173865
传　　真	010-62173081
网　　址	http://www.cspbooks.com.cn

开　　本	880mm×1230mm　1/32
字　　数	110 千字
印　　张	6
版　　次	2021 年 9 月第 1 版
印　　次	2021 年 9 月第 1 次印刷
印　　刷	北京盛通印刷股份有限公司
书　　号	ISBN 978-7-5046-9131-6/F·940
定　　价	49.00 元